Tucholsky Wagner Zola Scott Sydow Fonatne Freud Schlegel
Turgenev Wallace
Twain Walther von der Vogelweide Fouqué Friedrich II. von Preußen
Weber Freiligrath
Fechner Fichte Weiße Rose von Fallersleben Kant Ernst Frey
Richthofen Frommel
Hölderlin
Fehrs Engels Fielding Eichendorff Tacitus Dumas
Faber Flaubert
Eliasberg Ebner Eschenbach
Feuerbach Maximilian I. von Habsburg Fock Eliot Zweig
Ewald Vergil
Goethe Elisabeth von Österreich London
Mendelssohn Balzac Shakespeare Ganghofer
Lichtenberg Rathenau Dostojewski
Trackl Stevenson Doyle Gjellerup
Tolstoi Hambruch
Mommsen Lenz Droste-Hülshoff
Thoma Hanrieder
Dach Verne von Arnim Hägele Hauff Humboldt
Reuter
Karrillon Rousseau Hagen Hauptmann
Garschin Gautier
Damaschke Defoe Hebbel Baudelaire
Descartes
Hegel Kussmaul Herder
Wolfram von Eschenbach Schopenhauer
Darwin Dickens Rilke George
Bronner Melville Grimm Jerome
Bebel
Campe Horváth Aristoteles Proust
Bismarck Vigny Barlach Voltaire Federer Herodot
Gengenbach Heine
Storm Casanova Tersteegen Grillparzer Georgy
Lessing Gilm
Chamberlain Langbein Gryphius
Brentano
Lafontaine
Strachwitz Claudius Schiller Kralik Iffland Sokrates
Bellamy Schilling
Katharina II. von Rußland Gerstäcker Raabe Gibbon Tschechow
Löns Hesse Hoffmann Gogol Wilde Vulpius
Gleim
Luther Heym Hofmannsthal Morgenstern
Klee Hölty Goedicke
Roth Heyse Klopstock Kleist
Luxemburg Puschkin Homer Mörike
La Roche Horaz Musil
Machiavelli
Kierkegaard Kraft Kraus
Navarra Aurel Musset
Lamprecht Kind Kirchhoff Hugo Moltke
Nestroy Marie de France
Laotse Ipsen Liebknecht
Nietzsche Nansen
Marx Ringelnatz
Lassalle Gorki Klett
von Ossietzky Leibniz
May
vom Stein Lawrence Irving
Petalozzi
Platon Knigge
Pückler Michelangelo Kafka
Sachs Poe Kock
Liebermann
Korolenko
de Sade Praetorius Mistral Zetkin

Der Verlag tredition aus Hamburg veröffentlicht in der Reihe **TREDITION CLASSICS** Werke aus mehr als zwei Jahrtausenden. Diese waren zu einem Großteil vergriffen oder nur noch antiquarisch erhältlich.

Symbolfigur für **TREDITION CLASSICS** ist Johannes Gutenberg (1400 — 1468), der Erfinder des Buchdrucks mit Metalllettern und der Druckerpresse.

Mit der Buchreihe **TREDITION CLASSICS** verfolgt tredition das Ziel, tausende Klassiker der Weltliteratur verschiedener Sprachen wieder als gedruckte Bücher aufzulegen – und das weltweit!

Die Buchreihe dient zur Bewahrung der Literatur und Förderung der Kultur. Sie trägt so dazu bei, dass viele tausend Werke nicht in Vergessenheit geraten.

Städtebilder

Walter Benjamin

Impressum

Autor: Walter Benjamin
Umschlagkonzept: toepferschumann, Berlin

Verlag: tredition GmbH, Hamburg
ISBN: 978-3-8424-8850-2
Printed in Germany

Ziel der TREDITION CLASSICS ist es, tausende deutsch- und fremdsprachige Klassiker wieder in Buchform verfügbar zu machen. Die Werke wurden eingescannt und digitalisiert. Dadurch können etwaige Fehler nicht komplett ausgeschlossen werden. Unsere Kooperationspartner und wir von tredition versuchen, die Werke bestmöglich zu bearbeiten. Sollten Sie trotzdem einen Fehler finden, bitten wir diesen zu entschuldigen. Die Rechtschreibung der Originalausgabe wurde unverändert übernommen. Daher können sich hinsichtlich der Schreibweise Widersprüche zu der heutigen Rechtschreibung ergeben.

Moskau

Auswahl[1]

Berlin und Moskau

Schneller als Moskau selber lernt man Berlin von Moskau aus sehen. Für einen, der aus Rußland heimkehrt, ist die Stadt wie frisch gewaschen. Es liegt kein Schmutz, aber es liegt auch kein Schnee. Die Straßen kommen ihm in Wirklichkeit so trostlos sauber und gekehrt vor, wie auf Zeichnungen von Grosz. Und auch die Lebenswahrheit seiner Typen ist ihm evidenter. Es ist mit dem Bilde der Stadt und der Menschen nicht anders als mit dem der geistigen Zustände: die neue Optik, die man auf sie gewinnt, ist der unzweifelhafteste Ertrag eines russischen Aufenthaltes. Mag man auch Rußland noch so wenig kennen - was man lernt, ist, Europa mit dem bewußten Wissen von dem, was sich in Rußland abspielt, zu beobachten und zu beurteilen. Das fällt dem einsichtsvollen Europäer als erstes in Rußland zu. Darum ist andrerseits der Aufenthalt für Fremde ein so sehr genauer Prüfstein. Jeden nötigt er, seinen Standpunkt zu wählen. Im Grunde freilich ist die einzige Gewähr der rechten Einsicht, Stellung gewählt zu haben, ehe man kommt. Sehen kann gerade in Rußland nur der Entschiedene. An einem Wendepunkt historischen Geschehens, wie ihn das Faktum »Sowjet-Rußland« wenn nicht setzt, so anzeigt, steht gar nicht zur Debatte, welche Wirklichkeit die bessere, noch welcher Wille auf dem besseren Wege sei. Es geht nur darum: Welche Wirklichkeit wird innerlich der Wahrheit konvergent? Welche Wahrheit bereitet mit dem Wirklichen zu konvergieren innerlich sich vor? Nur wer hier deutlich Antwort gibt ist »objektiv«. Nicht seinen Zeitgenossen gegenüber (darauf kommt es nicht an), sondern dem Zeitgeschehen gegenüber (das ist entscheidend). Nur wer, in der Entscheidung, mit der Welt seinen dialektischen Frieden gemacht hat, der kann das Konkrete erfassen. Doch wer »an Hand der Fakten« sich entscheiden will, dem werden diese Fakten ihre Hand nicht bieten. - Heim-

1 Die Zwischentitel zu »Moskau« wurden vom Herausgeber hinzugefügt. Er ist Herrn Rolf Tiedemann für freundliche Auskünfte bibliographischer Natur zu großem Dank verpflichtet.

kehrend findet man vor allem eins: Berlin ist eine menschenleere Stadt. Menschen und Gruppen, die in seinen Straßen sich bewegen, haben die Einsamkeit um sich. Unaussprechlich scheint der Berliner Luxus. Und er beginnt schon auf dem Asphalt. Denn die Breite der Bürgersteige ist fürstlich. Sie machen aus dem ärmsten Schlucker einen Grandseigneur, welcher auf der Estrade seines Schlosses wandelt. Fürstlich vereinsamt, fürstlich verödet sind die Berliner Straßen. Nicht nur im Westen. In Moskau gibt es drei, vier Stellen, an denen ohne jene Strategie des Drängens und Sichwindens nicht vorwärts zu gelangen ist, die man sich in der ersten Woche (gleichzeitig also mit der Technik, sich auf Glatteis zu bewegen) aneignet. Tritt man auf den Staleschnykow, so atmet man auf: hier endlich darf man unbedenklich vor Auslagen haltmachen und seiner Wege gehen, ohne an dem schlenderhaften Serpentinengange teilzunehmen, an den der schmale Bürgersteig die meisten gewöhnt hat. Aber welch eine Fülle hat diese nicht nur von Menschen überschwemmte Zeile und wie ausgestorben und leer ist Berlin! In Moskau drängt die Ware überall aus den Häusern, sie hängt an Zäunen, lehnt an Gattern, liegt auf dem Pflaster. Alle fünfzig Schritt stehen Weiber mit Zigaretten, Weiber mit Obst, Weiber mit Zuckerwerk. Sie haben ihren Waschkorb mit der Ware neben sich, manchmal auch einen kleinen Schlitten. Ein buntes Tuch aus Wolle schützt Äpfel oder Apfelsinen vor der Kälte, zwei Musterexemplare liegen obenauf. Daneben Zuckerfiguren, Nüsse, Bonbons. Man denkt, eine Großmutter hat vor dem Weggehen im Hause Umschau gehalten nach allem, womit sie ihre Enkel überraschen könnte. Nun bleibt sie unterwegs, um sich ein bißchen auszuruhen, an der Straße stehen. Berliner Straßen kennen solche Posten mit Schlitten, Säcken, Wägelchen und Körben nicht. Verglichen mit den Moskauer sind sie wie eine frisch gefegte leere Rennbahn, auf der ein Feld von Sechstagefahrern trostlos voranhastet.

Erste Eindrücke

Die Stadt scheint schon am Bahnhof sich herzugeben. Kioske, Bogenlampen, Häuserblöcke kristallisieren zu niewiederkehrenden Figuren. Doch das zerstiebt, sowie ich nach Namen suche. Ich muß mich trollen... Zu Anfang gibt es nichts als Schnee zu sehen, den schmutzigen, der schon Quartier bezogen hat, und den reinen, der langsam nachrückt. Gleich mit der Ankunft setzt das Kinderstadium ein. Gehen will auf dem dicken Glatteis dieser Straßen neu erlernt sein. Die Häuserwildnis ist so undurchdringlich, daß nur das Blendende im Blick erfaßt wird. Ein Transparent mit Inschrift »Kefir« leuchtet in den Abend. Ich merke mir's, als wäre die Twerskaja, die alte Straße nach Twer, auf der ich jetzt bin, noch wirklich Chaussee und weit und breit nichts zu sehen als Ebene. Ehe ich Moskaus wirkliche Landschaft entdeckt, seinen wirklichen Fluß gesehen, seine wirklichen Höhen gefunden habe, ist jeder Straßendamm schon ein umstrittener Fluß, jede Hausnummer ein trigonometrisches Signal und jeder seiner Riesenplätze mir ein See geworden. Nur eben, daß ein jeder Schritt und Tritt hier auf benanntem Grunde getan wird. Und wo nun einer dieser Namen fällt, da baut sich Phantasie um diesen Laut im Handumdrehen ein ganzes Viertel auf. Das wird der späteren Wirklichkeit noch lange trotzen und spröd wie gläsernes Gemäuer darin steckenbleiben. Die Stadt hat in der ersten Zeit noch hundert Grenzbarrieren. Doch eines Tages sind das Tor, die Kirche, die Grenze einer Gegend waren, unversehens Mitte. Nun wird die Stadt dem Neuling Labyrinth. Straßen, die er weit voneinander angesiedelt hat, reißt eine Ecke ihm zusammen, wie die Faust eines Kutschers ein Zweigespann. Wie vielen topographischen Attrappen er verfällt, ließe in seinem ganzen passionierenden Verlauf sich einzig und allein im Film entrollen: die Großstadt setzt sich gegen ihn zur Wehr, maskiert sich, flüchtet, intrigiert, verlockt, bis zur Erschöpfung ihre Kreise zu durchirren. (Das kann zunächst sehr praktisch angegriffen werden; für Fremde sollten während der Saison in großen Städten »Orientierungsfilme« laufen.) Am Ende aber siegen Karten und Pläne: abends im Bett jongliert die Phantasie mit wirklichen Gebäuden, Parks und Straßen.

Winter

Das winterliche Moskau ist eine stille Stadt. Leise spielt sich das ungeheure Getriebe der Straßen ab. Das macht der Schnee. Aber das macht auch die Rückständigkeit des Verkehrs. Autosignale beherrschen das Großstadtorchester. Aber in Moskau gibt es erst wenig Autos. Sie werden nur bei Hochzeiten und Todesfällen und zum beschleunigten Regieren aufgeboten. Freilich setzen sie abends hellere Lichter auf, als sie in irgendeiner andern Großstadt es dürfen. Und die Lichtkegel stoßen so blendend vor, daß wer einmal davon ergriffen ist, hilflos sich nicht von der Stelle wagt. Vorm Kremltor stehen im blendenden Licht die Posten in den frechen ockergelben Pelzen, über ihnen funkelt das rote Signal, das den Verkehr in der Durchfahrt regelt. Alle Farben von Moskau schießen hier, im Zentrum der russischen Macht, prismatisch zusammen. Lichtbündel aus den überstarken Autolampen jagen durchs Dunkel. In ihrem Schein scheuen die Pferde der Kavalleristen, die im Kreml ein großes Übungsfeld haben. Fußgänger schlagen sich zwischen Autos und zwischen ungebärdigen Gäulen durch. Lange Folgen von Schlitten, auf denen man Schnee abführt. Einzelne Reiter. Stumme Rabenschwärme haben im Schnee sich niedergelassen. Das Auge ist unendlich mehr beschäftigt als das Ohr. Die Farben bieten ihr Äußerstes gegen das Weiß auf. Der kleinste bunte Fetzen glüht im Freien. Bilderbücher liegen im Schnee; Chinesen verkaufen kunstvolle papierne Fächer, häufiger noch papierne Drachen in der Form exotischer Tiefseefische. Tagaus, tagein ist man auf Kinderfeste eingerichtet. Es gibt Männer, die Körbe voll Holzspielzeug haben, Wagen und Spaten; gelb und rot sind die Wagen, gelb oder rot die Schaufeln der Kinder. All dies geschnitzte und gezimmerte Gerät ist schlichter und solider als in Deutschland, sein bäuerlicher Ursprung ist deutlich sichtbar. Eines Morgens stehen am Straßenrand niegesehene winzige Häuschen mit blitzenden Fenstern und einem Zaun um den Vorplatz: Holzspielzeug aus dem Gouvernement Wladimir. Das heißt: ein neuer Warenschub ist eingetroffen. Ernsthafte, nüchterne Bedarfsartikel werden im Straßenhandel verwegen. Ein Korbverkäufer mit allerhand Ware, bunter, wie man sie überall auf Capri kaufen kann, doppelten Henkelkörben mit quadratisch strengen Mustern, trägt auf der Spitze seiner Stange glanzpapierne Bauer mit glanzpapiernen Vögelchen im Innern. Aber auch ein wirklicher Papagei, ein weißer Ara, ist manchmal zu sehen. In der Mjassnitzkaja steht eine Frau mit Weißwaren, auf Tablett oder Schulter hockt ihr der Vogel. Den malerischen Hintergrund zu solchen Tieren muß man sich anderswo, beim Stand der Photographen, suchen. Unter den kahlen Bäumen der Boulevards stehen Paravents mit Palmen, Marmortreppen und südlichen Meeren. Und noch ein anderes gemahnt hier an den Süden. Das ist die wilde Mannigfaltigkeit des Straßenhandels. Schuhkrem und Schreibzeug, Handtücher, Puppenschlitten, Schaukeln für Kinder, Damenwäsche, ausgestopfte Vögel, Kleiderbügel - alles drängt auf die offene Straße, als wären nicht 25 ° unter Null, sondern voller neapolitanischer Sommer. Lange war mir ein Mann geheimnisvoll, der vor sich eine dicht beschriftete Tafel hatte. Ich wollte einen Wahrsager in ihm sehen. Endlich einmal gelang mir, ihn bei seinem Treiben zu belauschen. Ich sah, daß er von seinen Lettern zwei verkaufte und einem Kunden sie als Initialen in den Galoschen befestigte. Dann die breiten Schlitten mit den drei Fächern für Cacaouettes, Haselnüsse und Semitschky (Sonnenblumenkerne, die nun nach einer Verfügung der Sowjets an öffentlichen Orten nicht mehr gekaut werden dürfen). Garköche sammeln sich in der Nähe der Arbeitsbörse. Sie haben heiße Kuchen zu verkaufen und in Scheiben gebratene Wurst. All das geht aber lautlos vor sich, Rufe, wie sie im Süden jeder Händler hat, sind unbekannt. Die Leute wenden sich an den Passanten eher mit Reden, gesetzten, wenn nicht geflüsterten, in denen etwas von der Bettlerdemut liegt. Nur eine Kaste zieht hier laut durch die Straßen, das sind die Lumpensammler mit ihrem Sack auf dem Rücken; ihr melancholischer Ruf durchklingt ein oder mehrmals wöchentlich jedes Viertel. Der Straßenhandel ist zum Teil illegal und vermeidet dann jedes Aufsehen. Frauen, in offener Hand auf einer Lage Stroh ein rohes Stück Fleisch, ein Huhn, einen Schinken, stehen und bieten es den Passanten an. Das sind Verkäuferinnen ohne Erlaubnis. Sie sind zu arm, um die Gebühr für einen Warenstand zu zahlen, und haben keine Zeit, um eine Wochenkonzession auf einem Amt sich viele Stunden anzustellen. Kommt ein Milizionär, dann laufen sie einfach davon. Der Straßenhandel gipfelt in den großen Märkten, an der Smolenskaja und am Arbat. Und an der Sucharewskaja. Dieser berühmteste liegt unter einer Kirche, die sich mit blauen Kuppeln über den Buden aufhebt. Zuerst passiert man das Viertel der Alteisenhändler. Die Leute haben ihre Ware einfach im Schnee liegen. Man findet alte Schlösser, Meterstäbe, Handwerkszeug, Küchengerät, elektrotechnisches Material. An Ort und Stelle führt man Reparaturen aus; ich sah über einer Stichflamme löten. Sitze gibt es hier nirgends, alles steht aufrecht, schwatzt oder handelt. Auf diesem Markt läßt die architektonische Funktion der Ware sich erkennen: Tücher und Stoffe bilden Pilaster und Säulen; Schuhe, Walinki, die an Schnüren gereiht überm Verkaufstische hängen, werden zu Dächern der Bude; große Garmoschkas (Ziehharmoniken) bilden tönende Mauern, also gewissermaßen Memnonsmauern. Ob in den wenigen Ständen mit Heiligenbildern noch heute im geheimen jene seltsamen Ikonen, deren Verkauf schon der Zarismus unter Strafe stellte, zu bekommen sind, weiß ich nicht. Da gab es die Muttergottes mit den drei Händen. Sie ist halbnackt. Aus dem Nabel steigt eine kräftige, wohlgebildete Hand. Rechts und links breiten die beiden andern in der Gebärde des Segnens sich aus. Die Dreiheit dieser Hände wird für ein Symbol der heiligen Dreifaltigkeit erachtet. Es gab ein anderes Andachtsbild der Gottesmutter, das sie mit offenem Unterleibe darstellt; Wolken treten daraus statt der Eingeweide; in ihrer Mitte tanzt das Christuskind und hält in der Hand eine Geige. Da der Verkaufszweig der Ikonen zum Papier- und Bilderhandel rechnet, so kommen diese Buden mit Heiligenbildern neben die Stände mit Papierwaren zu stehen, so daß sie überall von Lenin-Bildern flankiert sind, wie ein Verhafteter von zwei Gendarmen. Das Straßenleben setzt auch nachts nicht völlig aus. In dunklen Torwegen stößt man auf Pelze wie Häuser. Nachtwächter hocken darin auf ihren Stühlen und machen von Zeit zu Zeit sich schwerfällig auf.

Bettler

Der Bettel ist nicht aggressiv wie im Süden, wo die Aufdringlichkeit des Zerlumpten noch immer einen Rest von Vitalität verrät. Hier ist er eine Korporation von Sterbenden. Die Straßenecken mancher Viertel sind mit Lumpenbündeln belegt – Betten in dem riesigen Lazarett »Moskau«, das unter freiem Himmel daliegt. Lange flehende Reden gehen die Leute an. Da ist ein Bettler, der beginnt immer, wenn ein Passant, von dem er sich etwas verspricht, ihm näher kommt, ein leises, ausdauerndes Heulen; das richtet sich an Fremde, die nicht Russisch können. Ein anderer hat genau die Haltung des Armen, für den der heilige Martin auf alten Bildern mit dem Schwert seinen Mantel durchschneidet. Er kniet mit beiden vorgestreckten Armen. Kurz vor Weihnachten saßen tagtäglich im Schnee zwei Kinder an der Mauer des Revolutionsmuseums, mit einem Fetzen bedeckt, und sie wimmerten. (Aber vor dem Englischen Klub, dem vornehmsten Moskaus, dem früher dieses Gebäude gehörte, wäre ihnen auch das nicht möglich gewesen.) Moskau müßte man kennen, wie solche Bettelkinder es tun. Die wissen zu bestimmter Zeit in einem ganz bestimmten Laden eine Ecke neben der Tür, wo sie sich zehn Minuten wärmen dürfen, wissen, wo sie an einem Tag der Woche sich zu bestimmter Stunde Krusten holen können und wo in aufgestapelten Leitungsröhren ein Schlafplatz frei ist. Den Bettel haben sie zu einer großen Kunst mit hundert Schematismen und Varianten entwickelt. Sie kontrollieren an belebten Ecken die Kundschaft eines Pastetenbäckers, gehen den Käufer an und begleiten ihn winselnd und bittend, bis er ein Stück von seinem heißen Kuchen an sie abgetreten hat. Andere haben bei einer Kopfstation der Trambahn ihren Stand, treten in einen Wagen, singen ein Lied und sammeln Kopeken. Und es gibt Stellen, freilich nur wenige, an denen selbst der Straßenhandel das Gesicht des Bettels hat. Ein paar Mongolen stehen an der Mauer von Kitai Gorod. Sie sind nicht mehr als fünf Schritt einer vom andern entfernt und handeln mit Ledermappen; ein jeder mit genau der gleichen Ware wie sein Nebenmann. Es muß dahinter wohl eine Abmachung stecken, denn so einander aussichtslose Konkurrenz zu machen, kann nicht ihr Ernst sein. Wahrscheinlich ist in ihrer Heimat der Winter nicht weniger rauh und sind auch ihre zerlumpten Pelze nicht schlechter als die Pelze der Eingeborenen. Dennoch sind sie die einzigen in Moskau, mit denen man des Klimas wegen Mitleid hat. Selbst Priester, die für ihre Kirche betteln gehen, gibt es noch. Aber sehr selten sieht man jemanden geben. Der Bettel hat die stärkste Grundlage verloren, das schlechte gesellschaftliche Gewissen, das so viel weiter als das Mitleid die Taschen öffnet. Im übrigen erscheint es ein Ausdruck des wandellosen Elends dieser Bettelnden, vielleicht ist es auch nur die Folge einer klugen Organisation, daß unter sämtlichen Institutionen Moskaus sie die allein Verläßlichen sind und unverändert ihren Platz behaupten, während ringsumher sich alles verschiebt.

Trambahn und Schlitten

Beförderung in der Trambahn ist in Moskau vor allem eine taktische Erfahrung. Hier lernt der Neuling sich vielleicht am ersten ins sonderbare Tempo dieser Stadt und in den Rhythmus ihrer bäurischen Bevölkerung schicken. Auch wie einander technischer Betrieb und primitive Existenzform ganz und gar durchdringen, dies weltgeschichtliche Experiment im neuen Rußland stellt eine Trambahnfahrt im kleinen an. Die Schaffnerinnen stehen angepelzt auf ihrem Platz in der Elektrischen wie Samojedenfrauen auf dem Schlitten. Ein zähes Stoßen, Drängen, Gegenstoßen bei dem Besteigen eines meistenteils schon bis zum Bersten überfüllten Wagens geht lautlos und in aller Herzlichkeit vonstatten. (Nie habe ich bei der Gelegenheit ein böses Wort vernommen.) Ist man im Innern, so beginnt die Wanderung erst. Durch die vereisten Scheiben kann man nie erkennen, an welcher Stelle sich der Wagen gerade befindet. Erfährt man es, so hilft es noch nicht viel. Der Weg zum Ausgang ist durch einen Menschenkeil verrammelt. Da man nun hinten einzusteigen hat, aber vorn den Wagen verläßt, so hat man sich durch diese Masse durchzufinden. Meist spielt sich die Beförderung freilich schubweise ab; an wichtigen Stationen wird der Wagen beinahe ganz geräumt. Also ist selbst der Moskauer Verkehr zum guten Teil ein Massenphänomen. So kann man denn auf ganze Schlittenkarawanen stoßen, die in langer Reihe die Straße versperren, weil Fuhren, die ein Lastauto erfordern, auf fünf, sechs große Schlitten verladen werden. Die Schlitten hier bedenken erst das Pferd, danach den Fahrgast. Sie kennen nicht den kleinsten Überfluß. Ein Futtersack für den Gaul, eine Decke für den Benutzer – und das ist alles. Mehr als zwei haben nicht Platz auf der schmalen Bank, und da es keine Lehne gibt (wenn man nicht eine niedrige Kante so nennen will) muß man bei plötzlichen Kurven gut balancieren. Alles ist auf die schnellste Gangart berechnet; lange Fahrten bei Kälte verträgt man nicht gut, und ohnehin sind die Entfernungen in diesem Riesendorfe unabsehbar. Dicht am Bürgersteig lenkt der Iswoschtschik entlang. Der Fahrgast thront nicht, sieht nicht höher hinaus als alle anderen und streift mit seinem Ärmel die Passanten. Auch dies ist für den Tastsinn eine unvergleichliche Erfahrung. Wo Europäer in geschwinder Fahrt Überlegenheit, Herrschaft über die Menge genießen, ist der Moskowiter im kleinen Schlitten dicht unter Menschen und Dinge gemischt. Hat er dann noch ein Kistchen, ein Kind oder einen Korb mitzuführen – für all dies ist der Schlitten das erschwinglichste Beförderungsmittel –, so ist er wahrhaft eingekeilt ins Treiben der Straße. Kein Blick von oben herab: ein zärtliches, geschwindes Streifen an Steinen, Menschen und Pferden entlang. Man fühlt sich wie ein Kind, das auf dem Stühlchen durch die Wohnung rutscht.

Weihnachten

Weihnachten ist ein Fest des russischen Waldes. Es siedelt sich mit Tannen, Kerzen, Baumschmuck für viele Wochen in den Straßen an. Denn die Adventszeit griechisch-orthodoxer Christen überschneidet sich mit der Weihnacht derjenigen Russen, die das Fest nach westlichem, das heißt nach neuem, staatlichem Kalender feiern. Nirgends sieht man an Tannenbäumen schöneren Behang. Schiffchen, Vögel, Fische, Häuser und Früchte drängen sich bei den Straßenhändlern und in den Läden, und das Kustarny-Museum für Heimatkunst hält jedes Jahr um diese Zeit für all dies eine Art von Mustermesse. An einer Straßenkreuzung fand ich eine Frau, die Baumschmuck verkaufte. Die Glaskugeln, gelbe und rote, funkelten in der Sonne; es war wie ein verzauberter Apfelkorb, wo Rot und Gelb sich in verschiedene Früchte teilen. Tannen durchfahren die Straßen auf niedrigen Schlitten. Die kleinen putzt man nur mit Seidenschleifen; blau, rosa, grün bezopfte Tännchen stehen an den Ecken. Den Kindern aber sagt das weihnachtliche Spielzeug auch ohne einen heiligen Nikolaus, wie es tief aus den Wäldern Rußlands herkommt. Es ist, als ob nur unter russischen Händen das Holz grünt. Grünt - und sich rötet und golden sich überzieht, himmelblau anläuft und schwärzlich erstarrt. »Rot« und »schön« ist russisch *ein* Wort. Gewiß sind die glühenden Scheiter im Ofen die zauberhafteste Verwandlung des russischen Waldes. Nirgends scheint der Kamin so herrlich zu glühen wie hier. Glut aber fängt sich in allen den Hölzern, an denen der Bauer schnitzelt und pinselt. Und wenn der Lack sich dann darüberlegt, ist es gefrorenes Feuer in allen Farben. Gelb und rot auf der Balalaika, schwarz und grün auf der kleinen Garmoschka für Kinder und alle abgestuften Töne in den sechsunddreißig Eiern, von denen immer eines im andern steckt. Aber auch Waldnacht wohnt In dem Holz. Da sind die schweren kleinen Kästen mit dem scharlachroten Innern: außen auf schwarzem, glänzendem Grunde ein Bild. Unter dem Zarentum stand diese Industrie vor dem Erlöschen. Jetzt kommen neben neuen Miniaturen die alten, goldverbrämten Bilder aus dem Bauerndasein wiederum zum Vorschein. Eine Troika mit den drei Rossen jagt in das Dunkel, oder ein Mädchen in meerblauem Rock steht neben dem Gebüsch, das grün aufflammt, und wartet in der Nacht auf den Geliebten. Keine Schreckensnacht ist so dunkel wie diese handfeste

Lacknacht, in deren Schoß alles, was aus ihr auftaucht, geborgen ist. Ich sah einen Kasten mit einer Frau, die sitzend Zigaretten verkauft. Neben ihr steht ein Kind und will davon holen. Stockdunkle Nacht auch hier. Aber rechts ist ein Stein und links ein blätterloses Bäumchen zu erkennen. Auf der Schürze der Frau liest man »Mosselprom«. Das ist die sowjetische »Madonna mit den Zigaretten«.

Blumen

Grün ist der höchste Luxus des Moskauer Winters. Es leuchtet aber aus dem Laden in der Petrowka nicht halb so schön wie die papiernen Bündel künstlicher Nelken, Rosen, Lilien auf der Straße. Auf Märkten haben sie als einzige keinen festen Stand und tauchen bald zwischen Lebensmitteln, bald zwischen Webwaren und Geschirrbuden auf. Aber sie überstrahlen alles, rohes Fleisch, bunte Wolle und glänzende Schüsseln. Andere Sträuße kennt man zu Neujahr. Auf dem Straßnojplatz sah ich im Vorübergehen lange Gerten, beklebt mit roten, weißen, blauen, grünen Blüten, ein jeder Zweig von einer anderen Farbe. Wenn von Moskauer Blumen die Rede ist, darf man nicht die heroischen Weihnachtsrosen vergessen. Und nicht die riesenhohen Stockrosen aus Lampenschirmen, die der Verkäufer durch die Straßen führt. Auch nicht die gläsernen Kästchen voll Blumen, zwischen denen das Haupt eines Heiligen durchblickt. Und nicht das, was der Frost hier eingibt, die bäuerischen Tücher, auf denen die Muster, die mit blauer Wolle ausgenäht sind, Eisblumen an den Scheiben nachbilden. Endlich die glühenden Zuckerbeete auf Torten. Der »Zuckerbäcker« aus den Kindermärchen scheint nur in Moskau noch zu überleben. Nur hier gibt es Gebilde aus nichts als gesponnenem Zucker, süße Zapfen, an denen die Zunge für die bittere Kälte sich schadlos hält. Am innigsten vereinen Schnee und Blüten sich im Zuckerguß; da endlich scheint die marzipanene Flora den Wintertraum von Moskau, aus dem Weiß zu blühen, ganz erfüllt zu haben.

Plakate und Firmenschilder

Hin und wieder stößt man auf Trambahnwagen, die ringsherum mit Bildern von Betrieben, von Massenmeetings, Roten Regimentern, kommunistischen Agitatoren bemalt sind. Das sind Geschenke, die von der Belegschaft irgendeiner Fabrik dem Moskauer Sowjet gemacht worden sind. Auf diesen Wagen laufen nun die einzigen politischen Plakate, die heute noch in Moskau zu sehen sind. Aber es sind bei weitem die interessantesten. Denn unbeholfenere Geschäftsplakate als hier sieht man nirgends. Das trostlose Niveau der Bildreklame ist die einzige Ähnlichkeit zwischen Paris und Moskau. Zahllose Mauern um Kirchen und Klöster bieten ringsum die schönsten Anschlagflächen. Aber längst sind die Konstruktivisten, Suprematisten, Abstraktivisten, die während des Kriegskommunismus ihre graphische Propaganda in den Dienst der Revolution gestellt haben, entlassen. Heute verlangt man nur banale Deutlichkeit. Die meisten dieser Plakate stoßen den Westler ab. Moskauer Läden aber laden wirklich ein; sie haben etwas von Wirtshäusern an sich. Die Firmenschilder weisen senkrecht in die Straßen, wie sonst nur alte Gasthausembleme, goldene Friseurbecken oder allenfalls vor einem Hutgeschäfte ein Zylinder. Auch finden sich vereinzelt hier am ehesten noch hübsche, unverdorbene Motive: Schuhe fallen aus einem Korb; mit einer Sandale im Maul rennt ein Spitz davon. Vorm Eingang einer türkischen Küche Pendants: Herren mit fezgeschmücktem Haupte je vor einem Tischchen. Für einen primitiven Geschmack ist Anpreisung noch immer an Erzählung, an Beispiel oder Anekdote gebunden. Dagegen überzeugt die westliche Reklame in erster Linie durch den Kostenaufwand, welchem die Firma sich gewachsen zeigt. Hier gibt fast jede Aufschrift noch die Ware an. Die große schlagende Devise ist dem Handel fremd. Die Stadt, die so erfinderisch in Abkürzungen aller Art ist, besitzt noch nicht die einfachste – den Firmennamen. Oft leuchtet Moskaus Abendhimmel in erschreckendem Blau: dann hat man, ohne es zu merken, durch eine der riesigen blauen Brillen dareingesehen, die von den Optikerläden wie Wegweiser vorstoßen. Aus den Torbogen, an den Rahmen der Hausportale springt in verschieden großen schwarzen, blauen, gelben und roten Buchstaben, als Pfeil, als Bild von Stiefeln oder frisch gebügelter Wäsche, als ausgetretene Stufe oder als solider Treppenabsatz ein stumm in sich verbissenes, streitendes Leben die Passanten an. Man muß in der Tram die Straßen durchfahren haben, um aufzufangen, wie sich dieser Kampf durch die Etagen fortsetzt, um endlich auf Dächern in sein entscheidendes Stadium zu treten. Bis dort hinauf halten allein die stärksten, jüngsten Parolen und Wahrzeichen durch. Erst vom Flugzeug aus hat man die industrielle Elite der Stadt, Kino- und Auto-Industrie, vor

Augen. Meist aber sind die Dächer Moskaus unbelebtes Ödland und haben weder die strahlende Laufschrift der Berliner, noch den Schornsteinwald der Pariser oder die sonnige Einsamkeit südlicher Großstadtdächer.

Dörfer in der Stadt

Mit Moskaus Straßen hat es eine eigentümliche Bewandtnis: das russische Dorf spielt in ihnen Versteck. Tritt man durch irgendeine der großen Torfahrten - oft sind sie durch schmiedeeiserne Gitter verschließbar, aber ich habe nie eins versperrt gefunden -, dann steht man am Beginn einer geräumigen Siedlung. Da öffnet, breit und ausladend, sich ein Gutshof oder ein Dorf, der Grund ist uneben, Kinder fahren im Schlitten, Schuppen für Holz und Geräte füllen die Winkel, Bäume stehen verstreut, hölzerne Stiegen geben der Hinterfront von Häusern, welche von der Straße her städtisch wirken, das Äußere eines russischen Bauernhauses. Kirchen stehen häufig auf diesen Höfen, nicht anders wie auf einem weiten Dorfplatz. So wächst die Straße um die Dimension der Landschaft. Auch gibt es keine westliche Stadt, die in ihren riesenhaften Plätzen so dörflich gestaltlos und immer wie von schlechtem Wetter, tauendem Schnee oder Regen aufgeweicht daliegt. Kaum einer dieser weiten Plätze trägt ein Denkmal. (Dagegen gibt es in Europa beinahe keinen, dem nicht im neunzehnten Jahrhundert die geheime Struktur durch ein Denkmal profaniert und zerstört worden wäre.) Wie jede andere Stadt, so baut auch Moskau mit Namen eine kleine Welt im Innern auf. Da gibt es ein Kasino, das »Alkasar« heißt, ein Hotel namens »Liverpool«, ein Logierhaus »Tirol«. Bis zu den Zentren des städtischen Wintersports braucht es von da noch immer eine halbe Stunde. Man trifft zwar Schlittschuhläufer, Skifahrer in der ganzen Stadt, aber die Rodelbahn liegt mehr im Innern. Hier starten Schlitten verschiedenster Konstruktion: von einem Brett, das vorn auf Schlittschuhkufen läuft und hinten im Schnee schurrt, bis zu den komfortabelsten Bobsleighs. Nirgends sieht Moskau aus wie die Stadt selber; am ehesten noch wie sein Weichbild. Der nasse Grund, die Bretterbuden, lange Transporte von Rohmaterial, Vieh, das zum Schlächter getrieben wird, dürftige Schenken trifft man in den belebtesten Teilen an. Noch ist die Stadt durchsetzt von hölzernen Häuschen, genau der gleichen slawischen Bauart, wie man sie überall im Umkreis von Berlin trifft. Was als märkischer Steinbau so trostlos wirkt, lockt hier mit schönen Farben aus dem warmen Holz. In den Vorstadtstraßen zu seiten der breiten Alleen wechseln Bauernhütten mit Jugendstilvillen oder der nüchternen Fassade eines achtstöckigen Hauses. Der Schnee liegt hoch, und entsteht mit einmal eine Stille, so kann man glauben, tief im Innern Rußlands in einem Dorf zu sein, das überwintert. Sehnsucht nach Moskau macht nicht nur der Schnee mit seinem Sternenglanz bei Nacht und seinen blumenähnlichen Kristallen tags. Das tut auch der Himmel. Denn immer tritt zwischen geduckten Dächern der Horizont der weiten Ebenen in die Stadt. Nur gegen Abend wird er unsichtbar. Dann aber bringt die Wohnungsnot in Moskau ihren erstaunlichsten Effekt hervor. Durchstreift man in der frühen Dunkelheit die Straßen, so sieht man in den großen und den kleinen Häusern beinahe jedes Fenster hell erleuchtet. Wäre der Lichtschein, der von ihnen ausgeht, nicht so ungleichmäßig, man glaubte, eine Illumination vor sich zu haben.

Kirchen

Die Kirchen sind fast verstummt. Die Stadt ist so gut wie befreit von dem Glockengeläut, das sonntags über unsere großen Städte eine so tiefe Traurigkeit verbreitet. Aber noch gibt es in ganz Moskau vielleicht keine Stelle, von der aus nicht zumindest *eine* Kirche sichtbar ist. Genauer: auf welcher man nicht mindestens von *einer* Kirche überwacht würde. Der Untertan des Zaren war in dieser Stadt von mehr als vierhundert Kapellen und Kirchen, will sagen von zweitausend Kuppeln rings umstellt, die allerorten in den Ecken sich verborgen halten, einander decken, über Mauern lugen. Eine Ochrana der Architektur war um ihn. All diese Kirchen wahrten ihr Inkognito. Es stoßen nirgends hohe Türme in den Himmel. Mit der Zeit erst gewöhnt man sich, die langen Mauern und Haufen von niedrigen Kuppeln zum Komplexe von Klosterkirchen zusammenzufassen. Dann wird auch klar, warum an vielen Stellen Moskau so abgedichtet wirkt wie eine Festung; die Klöster tragen heute noch die Spuren der alten wehrhaften Bestimmung an sich. Hier ist Byzanz mit seinen tausend Kuppeln nicht das Wunder, das sich der Europäer von ihm erträumt. Die meisten Kirchen sind nach einer schalen und süßlichen Schablone aufgeführt: ihre blauen, grünen und goldenen Kuppeln sind ein kandierter Orient. Betritt man eine dieser Kirchen, so findet man zuerst ein geräumiges Vorzimmer mit einigen spärlichen Heiligenbildern. Es ist düster, sein Halbdunkel eignet sich zu Konspirationen. In solchen Räumen kann man sich über die bedenklichsten Geschäfte, wenn es sich trifft auch über Pogrome, beraten. Daran stößt der einzige Andachtsraum. Im Hintergrunde hat er ein paar Treppchen, die zu der schmalen, niedrigen Estrade führen, auf der man an den Heiligenbildern sich entlangschiebt, zu der Ikonostase. In kurzem Abstand folgt Altar auf Altar, ein glimmendes, rotes Lichtchen bezeichnet jeden. Die Seitenflächen werden von großen Heiligenbildern eingenommen. Alle Teile der Wand, die so nicht mit Bildern bedeckt sind, sind mit leuchtendem Goldblech bezogen. Von der kitschig gemalten Decke hängt ein kristallner Kronleuchter herab. Dennoch beleuchten immer nur Kerzen den Raum, einen Salon mit geheiligten Wänden, vor denen das Zeremoniell sich abrollt. Die großen Bilder werden durch Bekreuzigen gegrüßt, dann folgt ein Kniefall, bei dem die Stirn den Boden berühren muß, und unter neuer Bekreuzigung wendet der Betende oder Büßende sich zu dem nächsten. Vor kleinen, verglasten Bildern, welche gereiht oder vereinzelt auf Pulten liegen, unterbleibt der Kniefall. Man beugt sich über sie und küßt das Glas. Auf solchen Pulten sind neben kostbarsten alten Ikonen Serien der schreiendsten Öldrucke ausgelegt. Viele Heiligenbilder haben außen an der Fassade Posten bezogen und blicken von den obersten Gesimsen unter dem blechernen Wetterdach wie geflüchtete Vögel hinunter. Aus ihren geneigten Retortenköpfen spricht Trübsal. Byzanz scheint keine eigene Form des Kirchenfensters zu kennen. Ein zauberischer Eindruck, der nicht anheimelnd ist: die profanen, unscheinbaren Fenster, die aus Versammlungsräumen und Türmen der Kirche wie aus Wohnräumen auf die Straße gehen. Dahinter haust der orthodoxe Priester wie der Bonze in seiner Pagode. Die unteren Teile der Basilius-Kathedrale könnten der Grundstock eines herrlichen Bojaren-Hauses sein. Wenn man jedoch von Westen her den Roten Platz betritt, erheben ihre Kuppeln sich allmählich am Himmel wie ein Rudel feuriger Sonnen. Immer behält dieser Bau sich etwas zurück, und überrumpeln könnte die Betrachtung ihn einzig von der Höhe des Flugzeuges aus, gegen das die Erbauer sich zu salvieren vergaßen. Man hat das Innere nicht nur ausgeräumt, sondern wie ein erlegtes Wild es ausgeweidet.

(Und anders konnte es wohl auch nicht enden, denn selbst im Jahre 1920 hat man hier noch mit fanatischer Inbrunst gebetet.) Mit der Entfernung des gesamten Inventars ist das bunte vegetabilische Geschlinge, das durch alle Gänge und Wölbungen als Wandmalerei fortwuchert, hoffnungslos bloßgestellt; eine gewiß viel ältere Bemalung, die sparsam in den Innenräumen die Erinnerung an die farbigen Spiralen der Kuppeln wachhielt, verzerrt sie nun in eine triste Spielerei des Rokoko. Die gewölbten Gänge sind eng, weiten sich plötzlich zu Altarnischen oder runden Kapellen, in die von oben aus den hohen Fenstern so wenig Licht dringt, daß einzelne Devotionalien, die man stehen ließ, kaum erkennbar sind. Viele Kirchen stehen so ungepflegt und so leer. Aber die Glut, die von Altären nur vereinzelt noch in den Schnee hinausleuchtet, ist wohlbewahrt geblieben in den hölzernen Budenstädten. In ihren schneebedeckten engen Gängen ist es still. Man hört nur den leisen Jargon der Kleiderjuden, die da ihren Stand neben dem Kram der Papierhändlerin haben, die versteckt hinter silbernen Ketten thront, Lametta und wattierte Weihnachtsmänner vors Gesicht gezogen hat wie eine Orientalin ihren Schleier.

Kneipen und Theater

Noch der mühseligste Moskauer Werktag hat zwei Koordinaten, welche jeden Augenblick in ihm sinnlich bestimmen werden als Erwartung und Erfüllung. Das ist die Vertikale der Mahlzeiten, gekreuzt von der abendlichen Horizontale des Schauspiels. Man ist von beiden niemals weit entfernt. Moskau steht voller Wirtschaften und Theater. Posten mit Näschereien patrouillieren durch die Straßen, viele der großen Lebensmittelhäuser schließen erst gegen elf Uhr in der Nacht, und an den Ecken öffnen sich Tee- und Bierstuben. »Tschainaja«, »Piwnaja« - meist aber beides - hat man auf einen Hintergrund gepinselt, auf dem ein stumpfes Grün vom oberen Rand her allmählich und verdrossen in ein schmutziges Gelb verläuft. Zum Bier gibt es eigentümliche Zukost: winzige Stückchen getrocknetes Weißbrot, Schwarzbrot mit einer Salzkruste überbacken und getrocknete Erbsen in Salzwasser. In gewissen Kneipen kann man so tafeln, und noch dazu an einer primitiven »Inszenirowka« seine Freude haben. Man nennt so einen epischen oder lyrischen Stoff, der für das Theater verarbeitet wurde. Oft sind es schnöd in Chöre aufgeteilte Volksgesänge. In dem Orchester solcher Volksmusik lassen sich neben Ziehharmoniken und Geigen manchmal als Instrumente Rechenbretter hören. (Sie stehen in allen Läden und Büros. Nicht die kleinste Verrechnung ist ohne sie denkbar.) Der Wärmerausch, der beim Betreten dieser Stuben, beim heißen Tee, beim Genuß der scharfen Sakuska den Gast überkommt, ist Moskaus heimlichste Winterwollust. Darum kennt der die Stadt nicht, der sie nicht im Schnee kennt. Denn es will jede Gegend in der Jahreszeit bereist sein, in welche das Extrem ihres Klimas fällt. Ihm ist sie ja vor allem angepaßt, und erst aus dieser Anpassung versteht man sie. In Moskau ist das Leben im Winter um eine Dimension reicher. Der Raum verändert sich buchstäblich, je nachdem er heiß oder kalt ist. Man lebt auf der Straße wie in einem frostigen Spiegelsaal, jedes Einhalten und Besinnen fällt unglaublich schwer. Es braucht schon einen halbtägigen Vorsatz, um einen fertig adressierten Brief in den Kasten zu stecken, und trotz der strengen Kälte bedeutet es eine Willensleistung, in ein Geschäft zu gehen, um etwas zu kaufen. Doch hat man endlich ein Lokal gefunden, dann mag der Tisch bestellt sein wie er will - mit Wodka, der hier mit Kräutern versetzt wird, mit Kuchen oder einer Tasse Tee: Wärme macht Zeit im Verrinnen selber zum Rauschtrank. Sie fließt in den Ermüdeten hinein wie Honig.

Weimar

I.

In deutschen Kleinstädten kann man sich die Zimmer ohne Fensterbretter gar nicht vorstellen. Selten aber habe ich so breite gesehen wie am Weimarer Marktplatz, im »Elefanten«, wo sie das Zimmer zur Loge machten, aus der mir der Ausblick auf ein Ballett wurde, wie es selbst Ludwig dem Zweiten die Bühnen von Neuschwanstein und Herrenchiemsee nicht bieten konnten. Denn es war ein Ballett in der Frühe. Gegen halb sieben begann man zu stimmen: balkene Bässe, schattende Violinschirme, Blumenflöten und Fruchtpauken. Die Bühne noch fast leer; Marktweiber, keine Käufer. Ich schlief wieder ein. Gegen neun Uhr, als ich erwachte, war's eine Orgie: Märkte sind die Orgien der Morgenstunden, und Hunger läutet, würde Jean Paul gesagt haben, den Tag ein wie Liebe ihn aus. Münzen fuhren synkopierend darein, und langsam schoben und stießen sich Mädchen mit Netzen, die schwellend von allen Seiten zum Genüsse ihrer Rundungen luden. Kaum aber fand ich mich angekleidet zu ebener Erde und wollte die Bühne betreten, waren Glanz und Frische dahin. Ich begriff, daß alle Gaben des Morgens wie Sonnenaufgang auf Höhen empfangen sein wollen. Und war nicht, was dies zart gewürfelte Pflaster noch eben beglänzte, ein merkantiles Frührot gewesen? Nun lag es unter Papier und Abfall begraben. Statt Tanz und Musik nur Tausch und Betrieb. Nichts kann so unwiederbringlich wie ein Morgen dahin sein.

II.

Im Goethe-Schiller-Archiv sind Treppenhaus, Säle, Schaukästen, Bibliotheken weiß. Das Auge trifft nicht einen Zoll, wo es ausruhen könnte. Wie Kranke in Hospitälern liegen die Handschriften hingebettet. Aber je länger man diesem barschen Lichte sich aussetzt, desto mehr glaubt man, eine ihrer selbst unbewußte Vernunft auf dem Grunde dieser Anstalten zu erkennen. Wenn langes Krankenlager die Mienen geräumig und still macht und sie zum Spiegel von Regungen werden läßt, die ein gesunder Körper in Entschlüssen, in tausend Arten auszugreifen, zu befehlen zum Ausdruck bringt, kurz, wenn ein Krankenlager den ganzen Menschen in Mimik zurückverwandelt, so liegen diese Blätter nicht umsonst wie Leidende auf ihren Repositorien. Daß alles, was uns heut bewußt und stämmig als Goethes »Werke« in ungezählten Buch-Gestalten entgegentritt, einmal in dieser einzigen, gebrechlichsten, der Schrift, bestanden hat, und daß, was von ihr ausging, nur das Strenge, Läuternde kann gewesen sein, was um Genesende oder Sterbende für die wenigen, die ihnen nahe sind, waltet – wir denken nicht gerne daran. Aber standen nicht auch diese Blätter in einer Krisis? Lief nicht ein Schauer über sie hin, und niemand wußte, ob vom Nahen der Vernichtung oder des Nachruhms? Und sind nicht sie die Einsamkeit der Dichtung? Und das Lager, auf dem sie Einkehr hielt? Sind unter ihren Blättern nicht manche, deren unnennbarer Text nur als Blick oder Hauch aus den stummen, erschütterten Zügen aufsteigt?

III.

Man weiß, wie primitiv das Arbeitszimmer Goethes gewesen ist. Es ist niedrig, es hat keinen Teppich, keine Doppelfenster. Die Möbel sind unansehnlich. Leicht hätte er es anders haben können. Lederne Sessel und Polster gab es auch damals. Dies Zimmer ist in nichts seiner Zeit voraus. Ein Wille hat Figur und Formen in Schranken gehalten; keine sollte des Kerzenlichtes sich schämen müssen, bei dem der alte Mann abends im Schlafrock, die Arme auf ein mißfarbenes Kissen gebreitet, am mittleren Tisch saß und studierte. Zu denken, daß die Stille solcher Stunden sich heute nur in den Nächten wiederversammelt. Dürfte man ihr aber lauschen, man verstände die Lebensführung, bestimmt und geschaffen, die nie wiederkehrende Gunst, das gereifteste Gut dieser letzten Jahrzehnte zu ernten, in denen auch der Reiche die Härte des Lebens noch am eigenen Leibe zu spüren hatte. Hier hat der Greis mit der Sorge, der Schuld, der Not die ungeheuren Nächte gefeiert, ehe das höllische Frührot des bürgerlichen Komforts zum Fenster hineinschien. Noch warten wir auf eine Philologie, die diese nächste, bestimmendste Umwelt – die wahrhafte Antike des Dichters – vor uns eröffne. Dies Arbeitszimmer war die cella des kleinen Baus, den Goethe zwei Dingen ganz ausschließlich bestimmt hatte: dem Schlaf und der Arbeit. Man kann gar nicht ermessen, was die Nachbarschaft der winzigen Schlafkammer und dieses einem Schlafgemache gleich abgeschiedenen Arbeitszimmers bedeutet hat. Nur die Schwelle trennte, gleich einer Stufe, bei der Arbeit ihn von dem thronenden Bett. Und schlief er, so wartete daneben sein Werk, um ihn allnächtlich von den Toten loszubitten. Wem ein glücklicher Zufall erlaubt, in diesem Raume sich zu sammeln, erfährt in der Anordnung der vier Stuben, in denen Goethe schlief, las, diktierte und schrieb, die Kräfte, die eine Welt ihm Antwort geben hießen, wenn er das Innerste anschlug. Wir aber müssen eine Welt zum Tönen bringen, um den schwachen Oberton eines Innern erklingen zu lassen.

Marseille

La rue...seul champ d'expérience valable.
André Breton

Marseille - gelbes, angestocktes Seehundsgebiß, dem das salzige Wasser zwischen den Zähnen herausfließt. Schnappt dieser Rachen nach den schwarzen und braunen Proletenleibern, mit denen die Schiffkompanien ihn nach dem Fahrplan füttern, so dringt ein Gestank von Öl, Urin und Druckerschwärze daraus hervor. Der ist vom Zahnstein, der an den wuchtigen Kiefern festbackt: Zeitungskioske, Retiraden und Austernstände. Das Hafenvolk ist eine Bazillenkultur; Lastträger und Huren menschenähnliche Fäulnisprodukte. Im Gaumen aber sieht es rosa aus. Das ist hier die Farbe der Schande, des Elends. Bucklige kleiden sich so und Bettlerinnen. Und den entfärbten Weibern der rue Bouterie gibt das einzige Kleidungsstück die einzige Farbe: rosa Hemden.

» *Les bricks*« - so heißt das Hurenviertel nach den Leichtern, die hundert Schritt davon an der Mole des alten Hafens vertäut sind. Ein unübersehbarer Fundus von Stufen, Bögen, Brücken, Erkern und Kellern. Er scheint auf seinen richtigen Gebrauch, die zweckentsprechende Verwendung, noch zu warten. Allein er hat sie. Denn dies Depot von ausgedienten Gassen ist das Hurenviertel. Unsichtbar verlaufen die Striche, die das Terrain scharf und eckig wie afrikanische Kolonien unter die Berechtigten abteilen. Die Huren sind strategisch placiert, auf einen Wink bereit, Unschlüssige zu umzingeln, den Widerspenstigen wie einen Ball von einer Straßenseite zur anderen sich zuzuspielen. Wenn er sonst nichts bei diesem Spiele einbüßt, ist es sein Hut. Ist einer schon so tief in diesen Häuserkehricht eingedrungen, um auf das Innerste im Gynäzeum, die Kammer zu geraten, wo die erbeuteten Embleme der Männlichkeit: Canots, Melonen, Jägerhüte, Borsalinos, Jockeimützen auf Konsolen gereiht oder an Rechen geschichtet hängen? - Durch Kneipen hindurch trifft der Blick auf die See. So zieht die Gasse durch eine Reihe unbescholtener Häuser wie von schämiger Hand gegen den Hafen gedeckt sich dahin. An dieser schämigen, triefenden Hand aber glänzt, ein Siegelring am harten Finger eines Fischerweibs, das alte hôtel de ville. Hier haben vor zweihundert Jahren Patrizierhäuser gestanden. Ihre hochbusigen Nymphen, ihre schlangenumwundenen Medusenhäupter überm verwitterten Türrahmen sind jetzt erst deutlich, Zunft- und Gildenzeichen geworden. Es sei denn, man hätte Schilder darüber gehängt, wie die Hebamme Bianchamori das ihre, auf dem sie, an eine Säule gelehnt, allen Kupplerinnen des Viertels die Stirne bietet und lässig auf ein stämmiges Bübchen weist, das im Begriff steht, sich aus einer Eierschale zu befreien.

Geräusche. – Oben in den menschenleeren Straßen des Hafenviertels sitzen sie so dicht und so locker wie in heißen Beeten die Schmetterlinge. Jeder Schritt schreckt ein Lied, einen Streit, Klatschen triefenden Leinzeugs, Brettergerassel, Säuglingsgejammer, Klirren von Eimern auf. Nur muß man sich allein hierher verloren haben, um ihnen mit dem Kescher nachzufolgen, wenn sie taumelnd in die Stille entflattern. Denn noch haben in diesen verlassenen Winkeln alle Laute und Dinge ihr eigenes Schweigen, wie es um Mittag auf Höhen ein Schweigen der Hähne, ein Schweigen der Axt, ein Schweigen der Grillen gibt. Aber die Jagd ist gefährlich, und zuletzt bricht der Häscher zusammen, wenn ihn wie eine riesenhafte Hornisse von hinten ein Schleifstein mit dem zischenden Stachel durchbohrt.

Notre Dame de la Garde. – Der Hügel, von dem sie herabblickt, ist der Sternenmantel der Gottesmutter, in den die Häuser der Cité Chabas sich einschmiegen. Nachts bilden die Laternen in seinem samtenen Innern Sternenbilder, die noch keinen Namen haben. Er hat einen Reißverschluß: die Kabine unten am stählernen Bande der Zahnradbahn ist das Kleinod, aus dessen gefärbten Butzenscheiben die Welt zurückstrahlt. Ein ausgedientes Fort ist ihr heiliger Fußschemel, und ihren Hals umgibt ein Oval wächserner, verglaster Votivkränze, die wie Reliefprofile ihrer Vorfahren aussehen. Kettchen von Dampfern und Seglern bilden die Ohrgehänge, und aus den schattigen Lippen der Krypta drängt sich ein Schmuck rubin- und goldfarbener Kugeln, an dem die Pilgerschwärme wie Fliegen hängen.

Kathedrale. – Auf dem unbetretensten, sonnigsten Platz steht die Kathedrale. Hier ist es ausgestorben, trotzdem im Süden, zu ihren Füßen, La Joliette, der Hafen, im Norden ein Proletarierviertel dicht anstößt. Als Umschlagplatz für ungreifbare, undurchschaubare

Ware steht da das öde Bauwerk zwischen Mole und Speicher. An vierzig Jahre hat man darangesetzt. Doch als dann 1893 alles fertig war, da hatten Ort und Zeit an diesem Monument sich gegen Architekten und Bauherrn siegreich verschworen, und aus den reichen Mitteln des Klerus war ein Riesenbahnhof entstanden, der niemals dem Verkehr konnte übergeben werden. An der Fassade sind die Wartesäle im Innern kenntlich, wo Reisende I.–IV. Klasse (doch vor Gott sind sie alle gleich), eingeklemmt wie zwischen Koffer in ihre geistige Habe, sitzen und in Gesangbüchern lesen, die mit ihren Konkordanzen und Korrespondenzen den internationalen Kursbüchern sehr ähnlich sehen. Auszüge aus der Eisenbahnverkehrsordnung hängen als Hirtenbriefe an den Wänden, Tarife für den Ablaß auf die Sonderfahrten im Luxuszug des Satan werden eingesehen, und Kabinette, wo der Weitgereiste diskret sich reinwaschen kann, als Beichtstühle in Bereitschaft gehalten. Das ist der Religionsbahnhof zu Marseille. Schlafwagenzüge in die Ewigkeit werden zur Messezeit hier abgefertigt.

Das Licht von Grünkramläden, das in den Bildern Monticellis ist, kommt aus den Innenstraßen seiner Stadt, den monotonen Wohnvierteln der Eingesessenen, die etwas von der Traurigkeit von Marseille wissen. Denn die Kindheit ist der Quellenfinder der Trübsal, und um die Trauer so ruhmreich strahlender Städte zu kennen, muß man in ihnen Kind gewesen sein. Dem Reisenden werden die grauen Häuser des Boulevard de Longchamp, die Fenstergatter des Cours Puget und die Bäume der Allées de Meilhan nichts verraten, wenn ihn nicht ein Zufall in die Totenkammer der Stadt, den Passage de Lorette führt, den schmalen Hof, wo im schläfrigen Beisein einiger Frauen und Männer die ganze Welt zu einem einzigen Sonntagnachmittag zusammenschrumpft. Eine Immobiliengesellschaft hat ihren Namen in das Portal gemeißelt. Entspricht nicht dieser Binnenraum genau dem weißen angepflockten Rätselschiff im Hafen – »Nautique«, die nie ins Meer sticht, um dafür alltäglich an weißen Tischen Fremde mit Gerichten, die viel zu sauber und wie ausgewaschen sind, zu speisen?

Muscheln- und Austernstände. – Unergründliches Naß, das als schmutziger Guß reinigend über schmutzige Balken strömt, übers

Warzengebirge rosiger Muscheln von der höchsten Konsole herab, zwischen Schenkeln und Bäuchen glasierter Buddhas, an gelben Zitronenkuppeln vorüber, ins Sumpfland der Kressen und durch die Waldung französischer Fähnchen sprudelt, um endlich als die beste Würze des zuckenden Tiers unsern Schlund zu berieseln. Oursins de l'Estaque, Portugaises, Marennes, Clovisses, Moules marinières - all das wird unaufhörlich gesiebt, gruppiert, gezählt, geknackt, verworfen, angerichtet, verkostet. Und der träge, stupide Makler des Binnenhandels, Papier, hat nichts in dem entfesselten Element, der Brandung schäumender Lippen zu suchen, die immer gegen die triefenden Stufen ansteigt. - ber drüben, am andern Quai, zieht der Gebirgszug der »Andenken« sich entlang, das mineralische Jenseits der Muscheln. Seismische Kräfte haben dies Massiv von Glasfluß, Muschelkalk, Emaille aufgetürmt, in dem die Tintenfässer, Dampfer, Anker, Quecksilbersäulen und Sirenen ineinanderstecken. Der Druck von tausend Atmosphären, unter dem hier diese Bilderwelt sich drängt und bäumt und staffelt, ist die gleiche Kraft, die sich in harten Schifferhänden nach langer Fahrt an Frauenschenkeln und Frauenbrüsten erprobt, und die Wollust, die auf den Muschelkästen ein rotes oder blaues Sammetherz aus der Steinwelt heraustreibt, um es mit Nadeln und Broschen spicken zu lassen, die gleiche, die am Zahltage diese Gassen erschüttert.

Mauern. - Zu bewundern die Disziplin, der sie in dieser Stadt unterworfen sind. Die besseren im Zentrum tragen Livree und stehen im Solde der herrschenden Klasse. Sie sind mit schreienden Mustern bedeckt und haben sich in ihrer ganzen Länge vielhundertmal dem neuesten Anis, den »Dames de France«, dem »Chocolat Menier« oder Dolores del Rio verschrieben. In den ärmeren Vierteln sind sie politisch mobilisiert und stellen ihre geräumigen roten Lettern als Vorläufer roter Garden vor Werften und Arsenale.

Der Verkommene - der nach Einbruch der Nacht an der Ecke der rue de la République und des Vieux Port seine Bücher verkauft, ruft in den Passanten schlechte Instinkte auf. Es kitzelt sie, sich so viel frisches Elend zunutze zu machen. Und es gelüstet sie, mehr von solch namenlosem Unglück zu erfahren, als das Bild der Katastrophe, die es uns vorstellt. Denn wohin muß es mit einem gekommen sein, der, was ihm von Büchern geblieben ist, vor sich auf den Asphalt geschüttet hat und nun hofft, einen, der hier spät noch vorbeikommt, möchte ein Sehnen nach Lektüre beschleichen? Oder ist alles ganz anders? Und hält hier eine arme Seele Wacht, die uns stumm anfleht, den Schatz aus dem Trümmerhaufen zu heben? Wir hasten vorbei. Aber wir werden an jeder Ecke von neuem stutzen, denn immer hat der südliche Händler den Bettlermantel so um sich geschlagen, daß mit tausend Augen das Schicksal uns daraus ansieht. Wie fern sind wir der tristen Würde unserer Armen, der Kriegsbeschädigten des Konkurrenzkampfs, an denen Senkel und Dosen mit Stiefelwichse wie Kordons und Medaillen hängen.

Vorstädte. – Je weiter wir aus dem Innern heraustreten, desto politischer wird die Atmosphäre. Es kommen die Docks, die Binnenhäfen, die Speicher, die Quartiere der Armut, die zerstreuten Asyle des Elends: das Weichbild. Weichbilder sind der Ausnahmezustand der Stadt, das Terrain, auf dem ununterbrochen die große Entscheidungsschlacht zwischen Stadt und Land tobt. Sie ist nirgends erbitterter als zwischen Marseille und der provençalischen Landschaft. Es ist der Nahkampf von Telegraphenstangen gegen Agaven, Stacheldraht gegen stachlige Palmen, Nebelschwaden stinkender Korridore gegen feuchtes Platanendunkel brütender Plätze, kurzatmigen Freitreppen gegen die mächtigen Hügel. Die lange rue de Lyon ist der Pulvergang, den Marseille in die Landschaft grub, um sie in Saint-Lazare, Saint-Antoine, Arenc, Septêmes auffliegen und mit Granatsplittern aller Völker- und Firmensprachen überschütten zu lassen. Alimentation Moderne, Rue de Jamaïca, Comptoir de la Limite, Savon Abat-Jour, Minoterie de la Campagne, Bar du Gaz, Bar Facultatif – und über all dem der Staub, der hier aus Meersalz, Kalk und Glimmer sich zusammenballt und dessen Bitternis im Munde dessen, der es mit der Stadt versucht hat, länger vorhält als der Abglanz von Sonne und Meer in den Augen ihrer Verehrer.

San Gimignano

Dem Andenken an Hugo von Hofmannsthal

Worte zu dem zu finden, was man vor Augen hat – wie schwer kann das sein. Wenn sie dann aber kommen, stoßen sie mit kleinen Hämmern gegen das Wirkliche, bis sie das Bild aus ihm wie aus einer kupfernen Platte getrieben haben. »Abends versammeln sich die Frauen am Brunnen vorm Stadttor, um in großen Krügen Wasser zu holen« – erst als ich diese Worte gefunden hatte, trat aus dem allzublendenden Erlebten mit harten Beulen und mit tiefen Schatten das Bild. Was hatte ich vorher von den weißflammenden Weiden gewußt, die am Nachmittage mit ihren Flämmchen vor dem Stadtwalle wachen? Wie enge mußten sich vordem die dreizehn Türme behelfen, und wie besonnen nahmen sie von nun ab jeder seinen Platz ein, und zwischen ihnen war es noch sehr geräumig.

Kommt man von fern, so ist die Stadt plötzlich so unhörbar wie durch eine Tür in die Landschaft getreten. Sie sieht nicht danach aus, als solle man ihr je näherkommen. Ist es aber gelungen, so fällt man in ihren Schoß und kann vor Grillengesumm und Kinderschreien nicht zu sich finden.

Wie sich im Lauf von vielen Jahrhunderten ihr Gemäuer immer dichter zusammenzog; kaum ein Haus ohne die Spuren großgerundeter Bogen über der schmalen Pforte. Die Öffnungen, aus denen jetzt schmutzige Leinentücher zum Schutze gegen Insekten wehen, waren bronzene Tore. Reste der alten Steinornamentik ließ man gottverloren im Mauerwerk stecken, das ein heraldisches Aussehen davon bekam. Ist man durch die Porta San Giovanni getreten, so fühlt man sich in einem Hofe, nicht auf der Straße. Selbst die Plätze sind Höfe, und man scheint sich auf allen geborgen. Was so oft in der südlichen Stadt begegnet, wird doch nirgends spürbar wie hier: daß ihr Mensch, was er zum Leben braucht, sich erst mühsam vergegenwärtigen muß, so sehr macht die Linie dieser Bogen und Zinnen, der Schatten und der Flug der Tauben und Krähen ihn das Bedürfnis vergessen. Ihm wird schwer, sich dieser übertriebenen Gegenwart zu entringen, des Morgens den Abend und in der Nacht den Tag vor sich zu haben.

Überall wo man stehen kann, kann man auch sitzen. Nicht Kinder allein, sondern alle Frauen haben ihren Platz auf der Schwelle, ganz körpernah am Grund und Boden, seinen Sitten und vielleicht seinen Göttern. Der Stuhl vor der Haustür ist schon Wahrzeichen städtischer Neuerungen. Von den krassen Sitzgelegenheiten der Cafés vollends machen einzig und allein die Männer Gebrauch.

So habe ich nie vorher Sonnen- und Mondaufgang in meinem Fenster gehabt. Wenn ich nachts oder nachmittags auf dem Bett liege, gibt's nur Himmel. Ich beginne, gewohnheitsmäßig kurz vor Sonnenaufgang zu erwachen. Dann erwarte ich, wie die Sonne hinterm Gebirge emporkommt. Da gibt es diesen ersten flüchtigen Augenblick, in dem sie nicht größer ist als ein Stein, ein glühendes Steinchen auf dem Gebirgskamm. Was Goethe vom Monde sagte: »Glänzt dein Rand herauf als Stern« – hat noch niemand von der Sonne begriffen. Ihrer aber ist nicht Stern, sondern Stein. Die Früheren müssen die Kunst besessen haben, diesen Stein als Talisman bei sich zu bergen und damit die Stunden zum Glück zu wenden.

Ich schaue von der Mauer der Stadt. Das Land brüstet sich nicht mit Bauten und Siedlungen. Es ist viel da, aber beschirmt und beschattet. Die Höfe, an denen nichts als die Notdurft gebaut hat, sind nicht nur in der Zeichnung, sondern in jedem Ton von Ziegel und Fensterglas so vornehm wie kein Herrenhaus in der Parktiefe. Die Mauer aber, an die ich lehne, teilt das Geheimnis des Ölbaums, dessen Krone als harter brüchiger Kranz sich mit tausend Breschen dem Himmel öffnet.

Nordische See

»Die Zeit, in welcher selbst der lebt, der keine Wohnung hat«, wird dem Reisenden, der keine hinter sich ließ, ein Palais. Drei Wochen lang reihten seine vom Geräusch der Wogen erfüllten Hallen nordwärts sich aneinander. Möwen und Städte, Blumen, Möbel und Statuen erschienen auf ihren Wänden, und durch ihre Fenster fiel Tag und Nacht Licht.

Stadt. Wenn dies Meer die Campagna ist, liegt Bergen im Sabinergebirge. Und so ist es; denn das Meer ruht im tiefen Fjord immer glatt, und die Berge haben die Formen der römischen. Die Stadt aber ist nordisch, überall gibt es Gebälk und Knacken darin. Die Dinge sind blank: Holz ist Holz, Messing ist Messing, Ziegel Ziegel. Sauberkeit treibt sie in sich zurück, macht sie mit sich bis ins Mark identisch. So werden sie stolz, wollen draußen nicht viel. Wie die Bewohner entlegener Bergdörfer einander bis auf Tod und Siechtum versippt sein können, so haben sich die Häuser vertreppt und verwinkelt. Und wo noch ein bißchen Himmel zu sehen wäre, sind grade zwei Fahnenstangen von jeder Seite der Straße im Begriff, sich zu senken. »Halt, wenn das Nahen der Wolke bemerkbar wird!« Sonst ist der Himmel in Sakramentshäuschen eingefangen, hölzerne Zellchen, gotische, rote, in denen ein Klingelzug hängt, mit dem man die Feuerwehr herbeirufen kann. Muße im Freien ist nirgendwo vorgesehen; wo Bürgerhäuser vorn einen Garten haben, ist er so dicht bestellt, daß niemand in Versuchung kommt, sich drin aufzuhalten. Vielleicht ist es daher, daß die Mädchen hier auf der Schwelle zu stehen, in der Türe zu lehnen wissen wie kaum im Süden. Das Haus hat noch strenge Grenzen. Eine Frau, die wollte wohl vor der Tür sitzen, ihren Stuhl aber hatte sie nicht lotrecht, sondern zur Hausfront parallel in die Nische der Tür gestellt, Tochter eines Geschlechts, das noch vor zweihundert Jahren in Schränken schlief. Schränke bald mit drehbaren Türen und bald mit Schiebladen, bis zu vier Stätten in ein und derselben Truhe. Für die Liebe war damit schlecht gesorgt – für die glückliche nämlich. Desto besser für die unglückliche bisweilen, wenn es nämlich ein vergeblich Liebender war, an dessen Bettstatt ich die Innenseite der Tür mit einem großen Frauenbildnis ausgefüllt sah. Eine Frau trennte ihn von der Welt: mehr hat noch keiner von seiner besten Nacht sagen können.

Blumen. Während die Bäume schüchtern werden, nirgends sich uneingefriedet mehr sehen lassen, kann man in Blumen einer ungeahnten Härte begegnen. Sie sind gewiß nicht heftiger als im gemäßigten Klima gefärbt, eher blasser. Aber wieviel entschiedener hebt sich ihre Farbe von allem Umgebenden ab. Die kleinen, Stiefmütterchen und Reseden, sind wilder, die großen, und vor allem die Rosen, bedeutungsvoller. Behutsam befördern Weiber sie durch die große Öde von einem Hafen zum andern. Stehen sie dann aber in Töpfen gegen die Scheiben der hölzernen Häuser gedrängt, sind sie weniger ein Gruß der Natur als ein Wall gegen das Außen. Wenn die Sonne durchbricht, hört alle Gemütlichkeit auf. Man kann auf Norwegisch wohl nicht sagen, daß sie es gut meint. Sie nutzt die Augenblicke ihrer wolkenlosen Herrschaft despotisch. Zehn Monate im Jahr gehört hier alles dem Dunkel. Kommt sie, so herrscht sie die Dinge an, entreißt sie, als ihr Eigentum, der Nacht und ruft in Gärten – Blau, Rot und Gelb – die Farben zum Appell, die blanke Garde der Blumen, die von keinem Wipfel beschattet werden.

Möbel. Um von den alten Bewohnern aus dem Anblick ihrer Schiffe viel zu erfahren, müßte man wenigstens rudern können. In Oslo sind zwei Wikingerschiffe zu sehen; wer aber nicht rudert, hält sich besser an die Betrachtung der Stühle, die er unweit des einen im Museum für Volkskunde findet. Sitzen kann jeder, und mancher wird es an jenen Stühlen auch innewerden, was es damit für eine Bewandtnis hat. Es ist ein gewaltiger Irrtum zu meinen, Rücken- und Seitenlehne seien ursprünglich für die Bequemlichkeit dagewesen. Sie sind Gehege, nämlich des Platzes, den der Sitzende einnimmt. Unter diesen Holzgestellen aus frühester Zeit war eins, dessen unwahrscheinlich geräumiger Sitz mit einem Gatter so umzäunt war, als sei der Hintern eine strotzende Menge, die in Schranken müsse gehalten werden. Wer da saß, tat es für viele. Alle Flächen der alten Sitze sind dem Boden näher als die unsern. Wieviel mehr halten sie aber auf diesen geringeren Abstand, während zugleich die Fläche noch die Muttererde vertritt. Allen sieht man's an, wie sehr sie zu jeder Zeit Haltung, Wissen, Ansehen und Rat dessen, der sie einnahm, bestimmten. So diesem: einem kleinen, sehr niedrigen Stühlchen, die Sitzfläche eine Mulde, die Lehne eine Mulde, alles drängt, wogt nach vorn. Das war, als hätte das Geschick auf einer Welle den, der hier saß, in den Raum gespült. Oder dem Lehnstuhl mit einer Truhe unter dem Sitz. Kein schönes Möbel, eher ein aufdringliches; Sitz eines Armen vielleicht - wer aber drin saß, wußte, was später Pascal erkannt hat: »Es stirbt niemand so arm, daß er nicht etwas hinterließe.« Und jenem Thron: hinter der kreisrunden Sitzfläche ohne Armstützen ragt die glatt gescheuerte, konkave Wölbung der Lehne auf wie die Apsis eines romanischen Doms, aus deren Höhe der Thronende niederblickt. In diesem Lande, das später als alle andern »bildende Künste« - Plastik und Malerei - bei sich aufnahm, hat bauender Geist den Hausrat - Schrank, Tisch und Bett bis zum niedersten Schemel - bestimmt. Sie alle sind unnahbar; als genius loci hausen in ihnen noch heute Besitzer, von denen sie vor Jahrhunderten wahrhaft besessen waren.

Licht. Die Straßen von Svolvaer sind leer. Und hinter den Fenstern sind die Papierrouleaus heruntergelassen. Schlafen die Menschen? Es ist nach Mitternacht; aus einer Wohnung kommen Stimmen, aus einer anderen Geräusche von einer Mahlzeit. Und jeder Ton, der über die Straße hallt, macht diese Nacht in einen Tag umschlagen, der nicht im Kalender steht. Du bist ins Magazin der Zeit gedrungen und blickst auf Stapel unbenutzter Tage, die sich die Erde vor Jahrtausenden auf dies Eis legte. Der Mensch verbraucht in vierundzwanzig Stunden seinen Tag - diese Erde den ihren nur alle Halbjahr. Darum blieben die Dinge so unverletzt. Weder Zeit noch Hände haben die Sträucher in dem windstillen Garten und die Boote im glatten Wasser berührt. Zwei Dämmerungen begegnen sich über ihnen, teilen sich in ihren Besitz wie in den der Wolken, und schicken dich mit leeren Händen nach Hause.

Möwen. Abends, das Herz bleischwer, voller Beklemmung, auf Deck. Lange verfolge ich das Spiel der Möwen. Immer sitzt eine auf dem höchsten Mast und beschreibt die Pendelbewegungen mit, die er stoßweise in den Himmel zeichnet. Aber es ist nie auf lange Zeit ein und dieselbe. Eine andere kommt, mit zwei Flügelschlägen hat sie die erste, - ich weiß es nicht: erbeten oder verjagt. Bis mit einem Male die Spitze leer bleibt. Aber die Möwen haben nicht aufgehört, dem Schiffe zu folgen. Unübersehbar wie immer, beschreiben sie ihre Kreise. Etwas anderes ist es, was eine Ordnung in sie hineinbringt. Die Sonne ist längst untergegangen, im Osten ist es sehr dunkel. Das Schiff fährt südwärts. Einige Helle ist im Westen geblieben. Was sich nun an den Vögeln vollzog - oder an mir? - das geschah kraft des Platzes, den ich so beherrschend, so einsam in der Mitte des Achterdecks mir aus Schwermütigkeit gewählt hatte. Mit einem Male gab es zwei Möwenvölker, eines die östlichen, eines die westlichen, linke und rechte, so ganz verschieden, daß der Name Möwen von ihnen abfiel. Die linken Vögel behielten gegen den Grund des erstorbenen Himmels etwas von ihrer Helle, blitzten mit jeder Wendung auf und unter, vertrugen oder mieden sich und schienen nicht aufzuhören, eine ununterbrochene, unabsehbare Folge von Zeichen, ein ganzes, unsäglich veränderliches, flüchtiges Schwingengeflecht - aber ein lesbares - vor mich hinzuweben. Nur daß ich abglitt, um mich stets von neuem bei den andern zurückzufinden. Hier stand mir nichts mehr bevor, nichts sprach zu mir. Kaum war ich denen im Osten gefolgt, wie sie, im Fluge gegen einen letzten Schimmer, ein paar tiefschwarzer, scharfer Schwingen, sich in die Ferne verloren und wiederkehrten, so hätte ich ihren Zug schon nicht mehr beschreiben können. So ganz ergriff er mich, daß ich mir selber, schwarz vom Erlittenen, eine lautlose Flügelschar, aus der Ferne zurückkam. Links hatte noch alles sich zu enträtseln, und mein Geschick hing an jedem Wink, rechts war es schon vorzeiten gewesen, und ein einziges stilles Winken. Lange dauerte dieses Widerspiel, bis ich selbst nur noch die Schwelle war, über der die unnennbaren Boten schwarz und weiß in den Lüften tauschten.

Statuen. Eine Kammer mit moosgrünen Wänden. Alle vier sind mit Statuen bedeckt. Dazwischen einige verzierte Balken, die auf Spuren von Farbe mit Spuren von Gold »Jason« oder »Bruxelles« oder »Malvina« entziffern lassen. Linker Hand, wenn man eintritt, ein Holzmännchen, eine Art Magister im Leibrock, einen Dreimaster auf dem Kopf. Den linken Unterarm hat er lehrhaft erhoben, aber kurz unter dem Ellenbogen bricht er ab, auch die rechte Hand und der linke Fuß fehlen. Ein Nagel geht durch den Mann, der starr in die Höhe blickt. Derbe, unscheinbare, gewöhnliche Kisten begleiten, aneinandergereiht, die Wände. Auf manchen steht »Livbaelter«, auf den meisten gar nichts. Man kann den Raum nach ihnen ausmessen. Zwei oder drei Kisten weiter und eine ragende Frau im reichbesetzten, weißen Gesellschaftskleid, das den üppigen Busen halb frei läßt. Auf mächtigem Ansatz ein voller holziger Hals. Voll geborstene Lippen. Unterhalb des Gürtels zwei Löcher. Eines durchs Schambein, eins tiefer in der bauschigen Robe, die keine Beine erkennen läßt. Wie sie, so wachsen all die Gestalten ringsum aus vagen, wenig gegliederten Formen auf. Mit dem Boden stehen sie auf schlechtem Fuß, ihr Halt liegt im Rücken. Ganz bunt steht zwischen den entfärbten rissigen Büsten und Statuen einer von aller Witterung unbescholten, sein gelber Mantel ist grün gefüttert, sein rotes Gewand blau gesäumt, sein Schwert grün und grau, sein Horn gelb, er trägt eine phrygische Mütze, und spähend hält er über die Augen die Hand - Heimdall. Und wieder eine Frauengestalt, damenhafter noch als die erste. Eine Alonge-Perücke läßt ihre Locken auf ein blaues Mieder herabfallen. Statt der Arme Voluten. - Den Mann zu denken, der sie alle gesammelt, um sich gesammelt, über Länder und Meere ihnen nachgeforscht hätte im Wissen, nur bei ihm fänden sie, nur bei ihnen fände er Ruhe. Kein Liebhaber der bildenden Kunst, nein, ein Reisender, der das Glück in der Ferne suchte, als es noch in der Heimat zu finden war, und dann später sein Heim bei diesen von Ferne und Fahrt Geschundensten aufschlug. Sie alle, das Antlitz von salzigen Tränen verwittert, die Blicke aus zerstoßenen, hölzernen Höhlen nach oben gerichtet, die Arme, wenn sie noch da sind, beschwörend über der Brust gekreuzt - wer sind sie, - so unsagbar hilflos und aufbegehrend - diese Niobiden des Meeres? Oder seine Mänaden? Denn sie sind über weißere Kämme gestürmt als die von Thrakien und von wilderen Pranken geschlagen worden als den Bestien, der Gefolgschaft der Artemis - sie, die Galionen. Galionen sind es. Sie stehen in der Kammer der Galionen im Schifffahrts-Museum zu Oslo. Genau in der Mitte der Kammer aber erhebt sich auf einer Estrade ein Steuerrad. Werden auch hier diese Fahrenden keine Ruhe finden, und soll es mit ihnen wieder hinaus in den Wogenschlag, der ewig ist wie das Höllenfeuer?

Berliner Kindheit um Neunzehnhundert

Auswahl

»O braungebackne Siegessäule mit Winterzucker aus den Kindertagen«

Tiergarten

Sich in einer Stadt nicht zurechtfinden heißt nicht viel. In einer Stadt sich aber zu verirren, wie man in einem Walde sich verirrt, braucht Schulung. Da müssen Straßennamen zu dem Irrenden so sprechen wie das Knacken trockner Reiser und kleine Straßen im Stadtinnern ihm die Tageszeiten so deutlich wie eine Bergmulde widerspiegeln. Diese Kunst habe ich spät erlernt; sie hat den Traum erfüllt, von dem die ersten Spuren Labyrinthe auf den Löschblättern meiner Hefte waren. Nein, nicht die ersten, denn vor ihnen war das eine, welches sie überdauert hat. Der Weg in dieses Labyrinth, dem seine Ariadne nicht gefehlt hat, führte über die Bendlerbrücke, deren linde Wölbung die erste Hügelflanke für mich wurde. Unweit von ihrem Fuße lag das Ziel: der Friedrich Wilhelm und die Königin Luise. Auf ihren runden Sockeln ragten sie aus den Beeten wie gebannt von magischen Kurven, die ein Wasserlauf vor ihnen in den Sand schrieb. Lieber als an die Herrscher wandte ich mich aber an ihre Sockel, weil, was darauf vorging, wenn auch undeutlich im Zusammenhange, näher im Raum war. Daß es mit diesem Irrgang etwas auf sich hat, erkannte ich seit jeher an dem breiten, banalen Vorplatz, der durch nichts verriet, daß hier, nur wenige Schritte von dem Korso der Droschken und Karossen abgelegen, der sonderbarste Teil des Parkes schläft. Davon empfing ich schon sehr früh ein Zeichen. Hier nämlich oder unweit muß ihr Lager jene Ariadne abgehalten haben, in deren Nähe ich zum ersten Male, und um es nie mehr zu vergessen, das begriff, was mir als Wort erst später zufiel: Liebe. Doch gleich an seiner Quelle taucht das »Fräulein« auf, das sich als kalter Schatten auf sie legte. Und so war dieser Park, der wie kein anderer den Kindern offen scheint, auch sonst für mich mit Schwierigem, Undurchführbarem verstellt. Wie selten unterschied ich die Fische im Goldfischteich. Wieviel versprach die

Hofjägerallee mit ihrem Namen und wie wenig hielt sie. Wie oft suchte ich das Gebüsch umsonst, in dem mit roten, weißen, blauen Türmchen ein Kiosk im Stil der Ankersteinbaukästen stand. Wie hoffnungslos kehrte mit jedem Frühling meine Liebe zum Prinzen Louis Ferdinand zurück, zu dessen Füßen die ersten Krokus und Narzissen standen. Ein Wasserlauf, der mich von ihnen trennte, machte sie mir so unberührbar, als wenn sie unter einem Glassturz gestanden hätten. So kalt im Schönen mußte fußen, was fürstlich ist, und ich begriff, warum Luise von Landau, mit der ich im Zirkel saß, bis sie gestorben war, am Lützowufer schräg gegenüber von der kleinen Wildnis hatte wohnen müssen, die ihre Blüten von den Wassern des Kanals betreuen läßt. Später entdeckte ich neue Winkel; über andere habe ich zugelernt. Jedoch kein Mädchen, kein Erlebnis und kein Buch konnte mir über diesen Neues sagen. Als darum dreißig Jahre danach ein Landeskundiger, ein Bauer von Berlin, sich meiner annahm, um nach langer gemeinsamer Entfernung aus der Stadt mit mir zurückzukehren, durchfurchten seine Pfade diesen Garten, in welchen er die Saat des Schweigens säte. Er ging die Steige voran, und ein jeder war ihm abschüssig. Sie führten hinab, wenn schon nicht zu den Müttern allen Seins, gewiß zu denen dieses Gartens. Im Asphalt, über den er hinging, weckten seine Schritte ein Echo. Das Gas, welches auf unser Pflaster schien, warf ein zweideutiges Licht auf diesen Boden. Die kleinen Treppen, die säulengetragenen Vorhallen, die Friese und Architrave der Tiergartenvillen – von uns zum erstenmal wurden sie beim Wort genommen. Vor allem aber die Treppenhäuser, die mit ihren Scheiben die alten waren, wenn sich auch im Innern, das man bewohnte, viel geändert hatte. Die Verse weiß ich noch, die nach der Schule die Intervalle meines Herzschlags füllten, wenn ich im Treppensteigen innehielt. Sie dämmerten mir von der Scheibe, wo ein Weib, schwebend wie die Sixtinische Madonna, einen Kranz in Händen haltend, aus der Nische trat. Die Riemen meiner Mappe mit den Daumen auf meinen Schultern lüftend, las ich ab: »Arbeit ist des Bürgers Zierde / Segen ist der Mühe Preis.« Die Haustür unten sank mit einem Seufzen, wie ein Gespenst ins Grab, zurück ins Schloß. Draußen regnete es vielleicht. Eine der bunten Scheiben stand offen, und beim Takte der Tropfen ging es weiter die Treppe hinauf. Unter den Karyatiden und Atlanten, den Putten und Pomonen aber, die mich damals angesehen hatten, waren mir nun die liebsten jene angestaubten aus dem Geschlecht der Schwellenkundigen, die den Schritt ins Dasein oder in ein Haus behüten. Denn sie verstanden sich aufs Warten. Und so war es ihnen eins, ob sie auf einen Fremden warteten, die Wiederkehr der alten Götter oder auf das Kind, das sich vor dreißig Jahren mit der Mappe an ihrem Fuß vorbeigeschoben hat. In ihrem Zeichen wurde der alte Westen zum antiken, aus dem die westlichen Winde den Schiffern kommen, die ihren Kahn mit den Äpfeln der Hesperiden langsam den Landwehrkanal herauffflößen, um bei der Brücke des Herakles anzulegen. Und wieder hatten, wie in meiner Kindheit, die Hydra und der Lernäische Löwe Platz in der Wildnis um den Großen Stern.

Siegessäule

Sie stand auf dem weiten Platz wie das rote Datum auf dem Abreißkalender. Mit dem letzten Sedantag hätte man sie abreißen sollen. Als ich klein war, konnte man aber ein Jahr ohne Sedantag sich nicht vorstellen. Nach Sedan blieben nur Paraden übrig. Als darum neunzehnhundertzwei Ohm Krüger nach dem verlorenen Burenkrieg die Tauentzienstraße entlanggefahren kam, da stand auch ich mit meiner Gouvernante in der Reihe. Denn unausdenkbar, einen Herrn nicht zu bestaunen, der im Zylinder in den Polstern lehnte und »einen Krieg geführt hatte«. So sagte man. Mir aber schien das prächtig und zugleich nicht ganz manierlich; so wie wenn der Mann ein Nashorn oder Dromedar »geführt« hätte und damit so berühmt geworden wäre. Was konnte denn nach Sedan kommen? Mit der Niederlage der Franzosen schien die Weltgeschichte in ihr glorreiches Grab gesunken, über dem diese Säule die Stele war und auf das die Siegesallee mündete. Als Quartaner beschritt ich die breiten Stufen, die zu ihren marmornen Herrschern führten, nicht ohne dunkel vorher zu fühlen, wie mancher privilegierte Aufgang sich später mir gleich diesen Freitreppchen erschließen werde, und dann wandte ich mich zu den beiden Vasallen, die zur Rechten und Linken die Rückwand krönten, teils weil sie niedriger als ihre Herrscher und bequem in Augenschein zu nehmen waren, teils weil die Gewißheit mich erfüllte, meine Eltern von den gegenwärtigen Machthabern nicht so viel weiter entfernt zu wissen als diese Würdenträger von den ehemaligen. Ich liebte aber unter ihnen am meisten den, der die unermeßliche Kluft zwischen Schüler und Staatsperson auf seine eigene Weise überbrückte. Das war ein Bischof, welcher in der Hand den Dom hielt, der ihm unterstellt und hier so klein war, daß ich ihn mit dem Ankersteinbaukasten hätte bauen können. Seitdem bin ich auf keine heilige Katharina gestoßen, ohne nach ihrem Rad, auf keine heilige Barbara, ohne nach ihrem Turm mich umzusehen. Man hatte nicht versäumt, mir zu erklären, woher der Schmuck der Siegessäule stammt. Ich hatte aber nicht genau erfaßt, was es mit den Kanonenrohren, die ihn bilden, auf sich hatte: ob die Franzosen mit goldenen in den Krieg gezogen waren oder ob das Gold, welches wir ihnen abgenommen hatten, von uns erst zu Kanonen war gegossen worden. Es ging mir damit wie mit meinem Prachtwerk, der illustrierten Chronik dieses Krieges, die so schwer auf mir lag, weil ich sie nie beendete. Sie interessierte mich; ich kannte mich gut auf den Plänen ihrer Schlachten aus; und dennoch wuchs die Unlust, die für mich von ihrem goldgepreßten Deckel ausging. Noch weniger glimpflich aber dämmerte das Gold vom Freskenzyklus des Umgangs, der den unteren Teil der Siegessäule verkleidete. Ich habe diesen Raum, den ein gedämpftes, von seiner Rückwand reflektiertes Licht erfüllte, nie betreten; ich fürchtete, dort Schilderungen in der Art derjenigen zu finden, die ich nie ohne Entsetzen in den Stahlstichen Dorés zu Dantes »Hölle« aufgeschlagen hatte. Es schienen mir die Helden, deren Taten dort in der Säulenhalle dämmerten, im stillen ebenso verrufen wie die Scharen, die von Wirbelwinden gepeitscht, in blutende Baumstümpfe eingefleischt, in Gletscherblöcken vereist im finsteren Trichter schmachteten. So war denn dieser Umgang das Inferno, das rechte Widerspiel des Gnadenkreises, der oben um die strahlende Viktoria lief. An manchen Tagen standen Leute droben. Vorm Himmel schienen sie mir schwarz umrandet wie die Figurinen der Klebebilderbogen. Nahm ich nicht Schere oder Leimtopf nur zur Hand, um, nach getaner Arbeit, solche Püppchen vor den Portalen, hinter Büschen, zwischen Pfeilern, und wo es sonst mich lockte, zu verteilen? Geschöpfe solcher seligen Willkür waren droben im Licht die Leute. Ewiger Sonntag war um sie. Oder war es nicht ein ewiger Sedantag?

Abreise und Rückkehr

Der Lichtstreif unter der Schlafzimmertür, am Vorabend, wenn die andern noch auf waren, – war er nicht das erste Reisesignal?

Drang er nicht in die Kindernacht voller Erwartung wie später in die Nacht eines Publikums der Lichtstreif unter dem Bühnenvorhang? Ich glaube, das Traumschiff, das einen damals abholte, ist oft über den Lärm der Gesprächswogen und die Gischt des Tellergeklappers vor unsere Betten geschwankt, und am frühen Morgen hat es uns abgesetzt, fiebrig, als wenn wir die Fahrt schon hinter uns hätten, die wir eben erst antreten sollten. Fahrt in einer ratternden Droschke, die den Landwehrkanal entlang fuhr und in der mir plötzlich das Herz schwer wurde. Gewiß nicht wegen des Kommenden oder des Abschieds; sondern das öde Beisammensitzen, das noch anhielt, noch dauerte, nicht vom Anhauch der Reise wie ein Gespenst vor der Morgendämmerung verflogen war, überschlich mich mit Traurigkeit. Aber nicht lange. Denn wenn der Wagen die Chausseestraße hinter sich hatte, war ich wieder mit den Gedanken unserer Bahnfahrt vorangeeilt. Seither münden für mich die Dünen Koserows oder Wenningstedts hier in der Invalidenstraße, wo den andern die Sandsteinmassen des Stettiner Bahnhofs entgegentreten. Meist aber war in der Frühe das Ziel ein näheres. Nämlich der »Anhalter«, laut des Namens Mutterhöhle der Eisenbahnen, wo die Lokomotiven zu Hause sein und die Züge anhalten mußten. Keine Ferne war ferner, als wo im Nebel seine Gleise zusammenliefen. Doch auch die Nähe, die mich eben noch umfangen hatte, rückte ab. Die Wohnung lag der Erinnerung verwandelt vor. Mit ihren Teppichen, die eingerollt, den Lüstern, die in Sackleinwand vernäht, den Sesseln, die überzogen waren, mit dem Halblicht, das durch die Jalousien sickerte, gab sie, indem wir eben erst den Fuß aufs Trittbrett unseres D-Zug-Wagens setzen, der Erwartung von fremden Sohlen, leisen Tritten Raum, die, vielleicht bald, über die Dielen schleifend, Diebsspuren in den Staub einzeichnen sollten, der seit einer Stunde gemächlich seine Niederlassungen bezog. Daher geschah es, daß ich jedesmal als Heimatloser aus den Ferien kam. Und noch die letzte Kellerhöhle, wo die Lampe schon brannte nicht erst zu entzünden war – schien mir beneidenswert, mit unserer Wohnung verglichen, die im Westen dunkelte. So boten bei der Heimkehr aus Bansin oder aus Hahnenklee die Höfe mir viel kleine, traurige Asyle an. Dann freilich schloß die Stadt sie wieder ein, als reue ihre Hilfsbereitschaft sie. Wenn dennoch einmal der Zug vor ihnen zögerte, so war es, weil ein Signal kurz vor der Einfahrt uns die Strecke sperrte. Je langsamer er fuhr, desto schneller zerging die Hoffnung, hinter Brandmauern der nahen Elternwohnung zu entkommen. Doch diese überzähligen Minuten, eh alles aussteigt, stehen heute noch in meinen Augen. Mancher Blick hat sie vielleicht gestreift wie in den Höfen Fenster, die in schadhaften Mauern stecken und hinter denen eine Lampe brennt.

Steglitzer Ecke Genthiner

In jede Kindheit ragten damals noch die Tanten, die ihr Haus nicht mehr verließen, die immer, wenn wir mit der Mutter zu Besuch erschienen, auf uns gewartet hatten, immer unter dem gleichen schwarzen Häubchen und im gleichen Seidenkleide, aus dem gleichen Lehnstuhl, vom gleichen Erkerfenster uns willkommen hießen. Wie Feen, die ein ganzes Tal durchwirken, ohne noch je darein hinabzusteigen, durchwalteten sie ganze Straßenzüge, ohne jemals in ihnen zu erscheinen. Zu diesen Wesen zählte Tante Lehmann. Ihr guter norddeutscher Name bürgte für ihr Recht, ein Menschenalter lang den Erker zu behaupten, unter dem die Steglitzer in die Genthiner Straße mündet. Die Ecke zählt zu denen, die der Wandel der letzten dreißig Jahre kaum berührte. Nur daß in dieser Zeit der Schleier, der sie mir als Kind verhüllte, fiel. Denn damals hieß sie mir noch nicht nach Steglitz. Der Vogel Stieglitz schenkte ihr den Namen. Und hauste nicht die Tante wie ein Vogel, der reden kann, in ihrem Bauer? Stets wenn ich ihn betrat, war er erfüllt vom Zwitschern dieses kleinen, schwarzen Vogels, der über alle Nester und Gehöfte der Mark, wo seine Sippe einst verstreut gesessen hatte, hinweggeflogen war und beider Namen – der Dörfer und der Sippschaft –, die so oft genau die gleichen waren, im Gedächtnis hatte. Die Tante wußte die Verschwägerungen, Wohnsitze, Glücks- und Unglücksfälle all der Schoenflies, Rawitschers, Landsbergs, Lindenheims und Stargards, die einst als Vieh- oder Getreidehändler im Märkischen und Mecklenburgischen gesessen hatten. Nun aber waren ihre Söhne und vielleicht schon Enkel hier im alten Westen heimisch, in Straßen, die die Namen preußischer Generäle und manchmal auch der kleinen Städte trugen, aus denen sie hierher gezogen waren. Oft wenn in späteren Jahren mein Expreß an solchen abgeschiedenen Flecken vorüberjagte, sah ich vom Bahndamm aus auf Katen, Höfe, Scheuern und Giebel und ich fragte mich: Sind es vielleicht nicht gerade diese hier gewesen, deren Schatten die

Eltern jener alten Mütterchen, bei denen ich als kleiner Junge eintrat, vor Zeiten hinter sich gelassen haben. Dort bot mir eine brüchige und spröde Stimme gläsern den guten Tag. Doch war sie nirgends so fein gesponnen und auf das gestimmt, was mich erwartete, wie Tante Lehmanns. Kaum war ich nämlich eingetreten, trug sie Sorge, daß man den großen Glaswürfel vor mich stellte, der ein ganzes lebendiges Bergwerk in sich schloß, worin sich kleine Knappen, Hauer, Steiger mit Karren, Hämmern und Laternen pünktlich im Takte eines Uhrwerks regten. Dies Spielzeug - wenn man es so nennen darf - entstammte einer Zeit, die auch dem Kind des reichen Bürgerhauses noch den Blick auf Arbeitsplätze und Maschinen gönnte. Und unter ihnen allen war das Bergwerk von jeher ausgezeichnet, weil es nicht nur die Schätze wies, die eine harte Arbeit zum Nutzen aller Tüchtigen ihm entwand, sondern auch jenen Silberblick aus seinen Adern, an den das Biedermeier mit Jean Paul, Novalis, Tieck und Werner sich verloren hatte. Doppelt verwahrt war diese Erkerwohnung, wie es für Räume sich gehörte, die so Kostbares in sich zu bergen hatten. Gleich nach dem Haustor fand sich links im Flur die dunkle Tür zur Wohnung mit der Schelle. Wenn sie sich vor mir auftat, führte, steil und atemraubend, eine Stiege aufwärts, wie ich es später nur noch in Bauernhäusern gefunden habe. Im Schein des trüben Gaslichts, das von oben kam, stand eine alte Dienerin, in deren Schutz ich gleich darauf die zweite Schwelle, die zur Diele dieser düsteren Wohnung führte, überschritt. Ich hätte sie mir aber ohne eine von diesen Alten gar nicht denken können. Weil sie mit ihrer Herrschaft einen Schatz wenn auch verschwiegener Erinnerungen teilten, verstanden sie sie nicht allein aufs Wort, sondern vermochten sie vor jedem Fremden mit allem Anstand zu vertreten. Vor keinem aber leichter als vor mir, auf den sie meist viel besser sich verstanden als die Herrschaft. Und dafür hatte ich dann wieder Blicke der Ehrfurcht, Ja Bewunderung für sie. Sie waren, nicht nur leiblich, meist massiver, gewaltiger als die Gebieterinnen, und es kam vor, daß der Salon da drinnen, trotz Bergwerk oder Schokolade, mir nicht so viel zu sagen hatte wie das Vestibül, in dem die alte Stütze, wenn ich kam, das Mäntelchen wie eine Last mir abnahm und, wenn ich ging, die Mütze mir, als wenn sie mich segnen wollte, in die Stirne drückte.

Markthalle Magdeburger Platz

Vor allem denke man nicht, daß es Markt-Halle hieß. Nein, man sprach »Mark-Thalle«, und wie diese beiden Wörter in der Gewohnheit des Sprechens verschlissen waren, daß keines seinen ursprünglichen Sinn beibehielt, so waren in der Gewohnheit meines Gangs durch diese Halle verschlissen alle Bilder, welche sie gewährte, so daß ihrer keines sich dem ursprünglichen Begriff von Einkauf oder Verkauf darbot. Hatte man den Vorraum mit den schweren, in kräftigen Spiralen schwingenden Türen hinter sich gelassen, heftete sich der erste Blick auf Fliesen, die von Fischwasser oder Spülwasser schlüpfrig waren und auf denen man leicht auf Karotten ausgleiten konnte oder auf Lattichblättern. Hinter Drahtverschlägen, jeder behaftet mit einer Nummer, thronten die schwerbeweglichen Weiber, Priesterinnen der käuflichen Ceres, Marktweiber aller Feld- und Baumfrüchte, aller eßbaren Vögel, Fische und Säuger, Kupplerinnen, unantastbare strickwollene Kolosse, welche von Stand zu Stand miteinander, sei es mit einem Blitzen der großen Knöpfe, sei es mit einem Klatschen auf ihre Schürze, sei es mit busenschwellendem Seufzen verkehrten. Brodelte, quoll und schwoll es nicht unterm Saum ihrer Röcke, war nicht dies der wahrhaft fruchtbare Boden? Warf nicht in ihren Schoß ein Marktgott selber die Ware: Beeren, Schaltiere, Pilze, Klumpen von Fleisch und Kohl, unsichtbar beiwohnend ihnen, die sich ihm gaben, während sie träge, gegen Tonnen gelehnt oder die Waage mit schlaffen Ketten zwischen den Knien, schweigend die Reihen der Hausfrauen musterten, die mit Taschen und Netzen beladen mühsam die Brut vor sich durch die glatten, stinkenden Gassen zu steuern suchten. Wenn es dann aber dämmerte und man müde wurde, sank man tiefer wie ein erschöpfter Schwimmer. Endlich trieb man im lauen Strom stummer Kunden dahin, die wie Fische auf die stachligen Riffe glotzten, wo die schwammigen Najaden sich's wohl sein ließen.

Blumeshof 12

Keine Klingel schlug freundlicher an. Hinter der Schwelle dieser Wohnung war ich geborgener als selbst in der elterlichen, übrigens hieß es nicht Blumes-Hof, sondern Blumezoof, und es war eine riesige Plüschblume, die so, aus krauser Hülle, mir ins Gesicht fuhr. In ihrem Innern saß die Großmutter; die Mutter meiner Mutter. Sie war Witwe. Wenn man die alte Dame auf ihrem teppichbelegten und mit einer kleinen Balustrade verzierten Erker, welcher auf den Blumeshof herausging, besuchte, konnte man sich schwerlich denken, wie sie große Seefahrten oder gar Ausflüge in die Wüste unter Leitung von »Stangens Reisen« unternommen hatte, an die sie sich alle paar Jahre anschloß. Madonna di Campiglio und Brindisi, Westerland und Athen und von wo sonst sie auf ihren Reisen Ansichtskarten schickte – in ihnen allen stand die Luft von Blumeshof. Und die große, bequeme Handschrift, die den Fuß der Bilder umspielte oder sich in ihrem Himmel wölkte, zeigte sie so ganz und gar von meiner Großmutter bewohnt, daß sie zu Kolonien des Blumeshof wurden. Wenn dann ihr Mutterland sich wieder auftat, betrat ich dessen Dielen so voll Scheu, als hätten sie mit ihrer Herrin auf den Wellen des Bosporus getanzt und als verberge sich in den Persern noch der Staub von Samarkand.

Mit welchen Worten das unvordenkliche Gefühl von bürgerlicher Sicherheit umschreiben, das von dieser Wohnung ausging? Das Inventar in ihren vielen Zimmern würde heute keinem Trödler Ehre machen. Denn wenn auch die Erzeugnisse der siebziger Jahre so viel solider waren als die späteren des Jugendstils – das Unverwechselbare an ihnen war der Schlendrian, mit dem sie dem Lauf der Zeit die Dinge überließen und sich, was ihre Zukunft anbetraf, allein der Haltbarkeit des Materials und nirgends der Vernunftberechnung anvertrauten. Das Elend konnte in diesen Räumen keine Stelle haben, in denen ja nicht einmal der Tod sie hatte. Es gab in ihnen keinen Platz zum Sterben; darum starben ihre Bewohner in den Sanatorien, die Möbel aber kamen gleich im ersten Erbgang an den Händler. In ihnen war der Tod nicht vorgesehen. Darum erschienen sie bei Tage so gemütlich und wurden nachts der Schauplatz böser Träume. Das Stiegenhaus, das ich betrat, erwies sich als Wohnsitz eines Alps, der mich zuerst an allen Gliedern schwer und kraftlos machte, um schließlich, als mich nur noch wenige Schritte von der ersehnten Schwelle trennten, mich in Bann zu schlagen. Dergleichen Träume sind der Preis gewesen, mit dem ich die Geborgenheit erkaufte. Die Großmutter starb nicht im Blumeshof. Ihr gegenüber wohnte lange Zeit die Mutter meines Vaters, die schon älter war. Auch sie starb anderswo. So ist die Straße mir zum Elysium, zum Schattenreich unsterblicher, doch abgeschiedener Großmütter geworden. Und weil die Phantasie, wenn sie einmal den Schleier über eine Gegend geworfen hat, gern seine Ränder von unfaßlichen Launen sich kräuseln läßt, hat sie ein Kolonialwarengeschäft, das in der Nähe liegt, zu einem Denkmal des Großvaters gemacht, der Kaufmann war, nur weil sein Inhaber auch Georg hieß. Das Brustbild dieses Frühverstorbenen hing lebensgroß und als Pendant zu jenem seiner Frau im Flur, der zu den abgelegeneren Teilen der Wohnung führte. Wechselnde Gelegenheiten riefen sie ins Leben. Der Besuch einer verheirateten Tochter eröffnete ein längst außer Gebrauch gekommenes Spindenzimmer; ein anderes Hinterzimmer nahm mich auf, wenn die Erwachsenen Mittagsruhe hielten; ein drittes war es, aus dem das Scheppern der Nähmaschine an den Tagen drang, an denen eine Schneiderin ins Haus kam. Der wichtigste von diesen abgelegenen Räumen war für mich die Loggia, sei es, weil sie, bescheidener möbliert, von den Erwachsenen weniger geschätzt war, sei es, weil gedämpft der Straßenlärm heraufdrang, sei es, weil sie mir den Blick auf fremde Höfe mit Portiers, Kindern und Leierkastenmännern freigab. Es waren übrigens mehr Stimmen als Gestalten, die von der Loggia sich eröffneten. Auch war das Viertel vornehm und das Treiben auf seinen Höfen niemals sehr bewegt; etwas von der Gelassenheit der Reichen, für die die Arbeit hier verrichtet wurde, hatte sich dieser selber mitgeteilt, und alles schien bereit, ganz unversehens in tiefen Sonntagsfrieden zu verfallen. Darum war der Sonntag der Tag der Loggia. Der Sonntag, den die andern Räume, die wie schadhaft waren, nie ganz fassen konnten, denn er sickerte durch sie hindurch allein die Loggia, die auf den Hof mit seinen Teppichstangen und den andern Loggien hinausging, faßte ihn, und keine Schwingung der Glockenfracht, mit der die Zwölf-Apostel- und die Matthäi-Kirche sie beluden, glitt von ihr hinab, sondern bis Abend blieben sie dort aufgestapelt. Die Zimmer dieser Wohnung waren nicht nur zahlreich, sondern zum Teil sehr ausgedehnt. Der Großmutter auf ihrem Erker guten Tag zu sagen, wo neben ihrem Nähkorb dann sehr bald Obst oder Schokolade vor mir stand, mußte ich durch das riesige Speisezimmer, um dann das Erkerzimmer zu durchwandern.

Aber der erste Weihnachtsfeiertag erst zeigte, wozu denn eigentlich diese Räume geschaffen waren. Freilich war der Beginn des großen Festes alljährlich mit einer sonderbaren Schwierigkeit verbunden. Die langen Tafeln nämlich, welche der Bescherung dienten, waren der Menge der Beschenkten wegen dicht bestellt. Es war da nicht nur die Familie in allen ihren Verzweigungen bedacht; auch die Bedienung hatte ihre Plätze unterm Baum und neben der jeweiligen auch die alte, die schon im Ruhestande war. So nahe darum Platz an Platz stieß, war man nie vor unvorhergesehenen Gebietsverlusten sicher, wenn nachmittags, nach Schluß des großen Essens, noch einem alten Faktotum oder dem Portierkind aufzudecken war. Aber nicht darin lag die Schwierigkeit, sondern zu Anfang, wenn die Flügeltür sich auftat. Im Hintergrund des großen Zimmers glitzerte der Baum. An den langen Tafeln war keine Stelle, von der nicht zumindest ein bunter Teller mit dem Marzipan und seinen Tannenzweigen lockte; dazu winkten von vielen Spielsachen und Bücher. Besser, nicht genau sich auf sie einzulassen. Ich hätte mir den Tag verderben können, wenn ich mich vorschnell auf Geschenke stimmte, die dann rechtmäßiger Besitz von andern wurden. Dem zu entgehen, blieb ich auf der Schwelle wie angewurzelt stehen, auf den Lippen ein Lächeln, von dem keiner hätte sagen können, ob der Glanz des Baumes es in mir erweckte oder aber der der mir bestimmten Gaben, denen ich mich, überwältigt, nicht zu nahen wagte. Aber am Ende war es ein Drittes, was tiefer als die vorgetäuschten Gründe und sogar als mein echter mich bestimmte. Denn noch gehörten die Geschenke dort ein wenig mehr dem Geber als mir selbst. Sie waren spröde; groß war meine Angst, sie ungeschickt vor aller Augen anzufassen. Erst draußen auf der Diele, wo das Mädchen sie uns mit Packpapier umwickelte und ihre Form in Bündeln und Kartons verschwunden war, um uns an ihrer Statt als Bürgschaft ihr Gewicht zu hinterlassen, waren wir ganz der neuen Habe sicher. Das war nach vielen Stunden. Wenn wir dann, die Sachen fest eingeschlagen und verschnürt am Arm, in die Dämmerung hinaustraten, die Droschke vor der Haustür wartete, der Schnee unangetastet auf Gesimsen und Staketen, getrübter auf dem Pflaster lag, vom Lützowufer her Geklingel eines Schlittens anging und die Gaslaternen, die eine nach der andern sich erhellten, den Gang des Laternenanzünders verrieten, der auch an diesem süßen Feiertagabend seine Stange hatte schultern müssen – dann war die Stadt so in sich selbst versunken wie ein Sack, der schwer von mir und meinem Glück war.

Die Farben

In unserem Garten gab es einen verlassenen, morschen Pavillon. Ich liebte ihn der bunten Fenster wegen. Wenn ich in seinem Innern von Scheibe zu Scheibe strich, verwandelte ich mich; ich färbte mich wie die Landschaft, die bald lohend und bald verstaubt, bald schwelend und bald üppig im Fenster lag. Es ging mir wie beim Tuschen, wo die Dinge mir ihren Schoß auftaten, sobald ich sie in einer feuchten Wolke überkam. Ähnliches begab sich mit Seifenblasen. Ich reiste in ihnen durch die Stube und mischte mich ins Farbenspiel der Kuppel, bis sie zersprang. Am Himmel, mit einem Schmuckstück, in einem Buch verlor ich mich an Farben. Kinder sind ihre Beute auf allen Wegen. Man konnte damals Schokolade in zierlichen kreuzweis gebündelten Päckchen kaufen, in denen jedes Täfelchen für sich in farbiges Stanniolpapier verpackt war. Das kleine Bauwerk, dem ein rauher Goldfaden seinen Halt gab, prunkte mit grün und gold, blau und orange, rot und Silber; nirgends stießen zwei gleich verpackte Stücke aneinander. Aus diesem funkelnden Verhau brachen die Farben eines Tages auf mich herein, und ich spüre die Süßigkeit noch, an der mein Auge sich damals vollsog. Es war die Süßigkeit der Schokolade, mit der sie mir mehr im Herzen als auf der Zunge zergehen wollten. Denn ehe ich den Lockungen des Naschwerks erlegen war, hatte der höhere Sinn mit einem Schlage den niederen in mir überflügelt und mich entrückt.

Hallesches Tor

Manchmal nahm mich an Winterabenden meine Mutter zum Kaufmann mit. Es war ein dunkles, unbekanntes Berlin, das sich im Gaslicht um mich ausbreitete. Wir blieben im Bereich des alten Westens, dessen Straßenzüge einträchtiger und anspruchsloser waren als die später bevorzugten. Die Friese und die Erker, die den Schmuck dieser Mietshäuser machen, befanden sich im Dunkeln. In den Fassaden aber war Licht zu sehen, das auf ganz eigene Weise seinen Weg in die Fenster nahm. Lag es an den Mullgardinen, den gelben Stores oder dem Gasstrumpf in seiner Hängelampe – dies Licht verriet von den erleuchteten Zimmern wenig. Es hatte es nur mit sich selbst zu tun und legte sich, verführerisch, doch schüchtern in die Fenster. Es zog mich an und stimmte mich nachdenklich. Wenn ich dann heimkam, schlug ich mein Postkartenalbum auf und suchte mir das »Hallesche Tor« heraus. In blassem Blau war auf tiefblauem Grunde der Belleallianceplatz mit den Häusern zu sehen, die ihn einrahmen; den Vordergrund bildeten die Arkaden; der volle Mond stand am Himmel. Aber der Mond und die Fenster waren von der obersten Kartenschicht befreit. Sie hoben sich fahl aus dem Bild heraus, und ich mußte die Karte gegen die Lampe halten, um bei dem gelben Lichtschein, der plötzlich aus dem Nachtgewölk und aus den Fenstern drang, mich beruhigt und glücklich zu fühlen. War es die Freundschaft, die der Mond und die Wohnungen miteinander geschlossen hatten? War es die Gewißheit, daß hinter den Fenstern nichts vorging? Warum mich diese Karte beglückte, das weiß ich nicht.

Loggien

Wie eine Mutter, die das Neugeborene an ihre Brust legt, ohne es zu wecken, verfährt das Leben lange Zeit mit der noch zarten Erinnerung an die Kindheit. Nichts kräftigte die meine inniger als der Blick in Höfe, von deren dunklen Loggien eine, die im Sommer von Markisen beschattet wurde, für mich die Wiege war, in die die Stadt den neuen Bürger legte. Die Karyatiden, die die Loggia des nächsten Stockwerks trugen, mochten ihren Platz für einen Augenblick verlassen, um an dieser Wiege ein Lied zu singen, das zwar fast nichts von dem enthielt, was später auf mich wartete, dafür jedoch den Spruch, durch den die Luft der Höfe mir auf immer berauschend blieb. Ich glaube, daß ein Beisatz dieser Luft noch um die Weinberge von Capri war, in denen ich die Geliebte umschlungen hielt; und es ist eben diese Luft, in der die Bilder und Allegorien stehen, die über meinem Denken herrschen wie die Karyatiden auf der Loggienhöhe über die Höfe des Berliner Westens.

Der Takt der Stadtbahn und des Teppichklopfens wiegte mich da in Schlaf. Er war die Mulde, in der sich meine Träume bildeten. Zuerst die ungestalten, die vielleicht vom Schwall des Wassers oder dem Geruch der Milch durchzogen waren; dann die langgesponnenen: Reise- und Regenträume; endlich die geweckteren: vom nächsten Murmelspiel im Zoo, vom Sonntagsausflug. Der Frühling hißte hier die ersten Triebe vor einer grauen Rückfront; und wenn später im Jahr ein staubiges Laubdach tausendmal am Tage die Hauswand streifte, nahm das Schlürfen der Zweige mich in eine Lehre, der ich noch nicht gewachsen war. Denn alles wurde mir im Hof zum Wink. Wie viele Botschaften saßen nicht im Geplänkel grüner Rouleaux, die hochgezogen wurden, und wie viele Hiobsposten ließ ich klug im Poltern der Rolläden uneröffnet, die in der Dämmerung niederdonnerten.

Am tiefsten aber konnte mich die Stelle betreffen, wo der Baum im Hofe stand. Sie war im Pflaster ausgespart, in das ein breiter Eisenring versenkt war. Stäbe durchzogen ihn derart, daß er ein Gitter vorm nackten Erdreich bildete. Es schien mir nicht umsonst so eingefaßt; manchmal sann ich dem nach, was in der schwarzen Kute, aus der der Stamm kam, vorging. Später dehnte ich diese Forschung auf die Droschkenhaltestellen aus. Die Bäume dort wurzelten ähnlich, doch sie waren noch dazu umzäunt, und Kutscher hingen an die Umzäunung ihre Pelerinen, während sie für den Gaul das Pumpenbecken, welches ins Trottoir gesenkt war, mit dem Strahl füllten, der Heu- und Haferreste wegtrieb. Mir waren diese Warteplätze, deren Ruhe nur selten durch den Zuwachs oder Abgang von Wagen unterbrochen wurde, entlegenere Provinzen meines Hofes.

Viel war an seinen Loggien abzulesen: der Versuch, der abendlichen Muße nachzuhängen; die Hoffnung, das Familienleben ins Grüne vorzuschieben; das Bestreben, den Sonntag ohne Rückstand auszuschöpfen. Aber am Ende war das alles eitel. Nichts lehrte der Zustand dieser eines überm anderen befindlichen Gevierte, als wieviel beschwerliche Geschäfte jeder Tag dem folgenden vererbte. Wäscheleinen liefen von einer Wand zur anderen; die Palme sah um so obdachloser aus, als längst nicht mehr der dunkle Erdteil, sondern der benachbarte Salon als ihre Heimat empfunden wurde. So wollte es das Gesetz des Ortes, um den einst die Träume der Bewohner gespielt hatten. Doch ehe er der Vergessenheit verfiel, hatte bisweilen die Kunst ihn zu verklären unternommen. Bald stahl sich eine Ampel, bald eine Bronze, bald eine Chinavase in sein Bereich. Und wenn auch diese Altertümer selten dem Orte Ehre machten, so gewann auf diesen Loggien der Zeitverlauf selbst etwas Altertümliches. Das pompejanische Rot, das sich so oft in breitem Bande an der Wand entlangzog, war der gegebene Hintergrund der Stunden, welche in dieser Abgeschiedenheit sich stauten. Die Zeit veraltete in diesen schattenreichen Gelassen, die sich auf die Höfe öffneten. Und eben darum war der Vormittag, wenn ich auf unserer Loggia auf ihn stieß, so lange schon Vormittag, daß er mehr er selbst schien als auf jedem anderen Fleck. So auch die ferneren Tageszeiten. Nie konnte ich sie hier erwarten; immer erwarteten sie mich bereits. Sie waren schon lange da, ja gleichsam aus der Mode, wenn ich sie endlich dort aufstöberte.

Später entdeckte ich vom Bahndamm aus die Höfe neu. Und wenn ich dann an schwülen Sommernachmittagen aus dem Abteil auf sie heruntersah, schien sich der Sommer in sie eingesperrt und von der Landschaft losgesagt zu haben. Und die Geranien, die mit roten Blüten aus ihren Kästen sahen, paßten weniger zu ihm als die roten Matratzen, die am Vormittag zum Lüften über den Brüstungen gehangen hatten. Abende, die auf solche Tage folgten, sahen uns - mich und meine Kameraden - manchmal am Tisch der Loggia versammelt. Eiserne Gartenmöbel, die geflochten oder von Schilf umwunden schienen, waren die Sitzgelegenheit. Und auf die Reclamhefte schien aus einem rot- und grüngeflammten Kelch, in dem der Strumpf summte, das Gaslicht nieder: Lesekränzchen. Romeos letzter Seufzer strich durch unsern Hof auf seiner Suche nach dem Echo, das ihm die Gruft der Julia in Bereitschaft hielt.

Seitdem ich Kind war, haben sich die Loggien weniger verändert als die anderen Räume. Doch nicht nur darum sind sie mir noch nah. Es ist vielmehr des Trostes wegen, der in ihrer Unbewohnbarkeit für den liegt, der selber nicht mehr recht zum Wohnen kommt. An ihnen hat die Behausung des Berliners ihre Grenze. Berlin - der Stadtgott selber - beginnt in ihnen. Er bleibt sich dort so gegenwärtig, daß nichts Flüchtiges sich neben ihm behauptet. In seinem Schutze finden Ort und Zeit zu sich und zueinander. Beide lagern sich hier zu seinen Füßen. Das Kind jedoch, das einmal mit im Bunde gewesen war, hält sich, von dieser Gruppe eingefaßt, auf seiner Loggia wie in einem längst ihm zugedachten Mausoleum auf.

Nachwort von Peter Szondi (1929-1971) aus ©-Gründen gelöscht. Re.

tredition®

Über tredition

Eigenes Buch veröffentlichen

tredition wurde 2006 in Hamburg gegründet und hat seither mehrere tausend Buchtitel veröffentlicht. Autoren veröffentlichen in wenigen leichten Schritten gedruckte Bücher, e-Books und audio-Books. tredition hat das Ziel, die beste und fairste Veröffentlichungsmöglichkeit für Autoren zu bieten.

tredition wurde mit der Erkenntnis gegründet, dass nur etwa jedes 200. bei Verlagen eingereichte Manuskript veröffentlicht wird. Dabei hat jedes Buch seinen Markt, also seine Leser. tredition sorgt dafür, dass für jedes Buch die Leserschaft auch erreicht wird.

Im einzigartigen Literatur-Netzwerk von tredition bieten zahlreiche Literatur-Partner (das sind Lektoren, Übersetzer, Hörbuchsprecher und Illustratoren) ihre Dienstleistung an, um Manuskripte zu verbessern oder die Vielfalt zu erhöhen. Autoren vereinbaren direkt mit den Literatur-Partnern die Konditionen ihrer Zusammenarbeit und partizipieren gemeinsam am Erfolg des Buches.

Das gesamte Verlagsprogramm von tredition ist bei allen stationären Buchhandlungen und Online-Buchhändlern wie z. B. Amazon erhältlich. e-Books stehen bei den führenden Online-Portalen (z. B. iBookstore von Apple oder Kindle von Amazon) zum Verkauf.

Eigene Buchreihe oder eigenen Verlag gründen

Seit 2009 bietet tredition sein Verlagskonzept auch als sogenanntes "White-Label" an. Das bedeutet, dass andere Unternehmen, Institutionen und Personen risikofrei und unkompliziert selbst zum Herausgeber von Büchern und Buchreihen unter eigener Marke werden können. tredition übernimmt dabei das komplette Herstellungs- und Distributionsrisiko.

Zahlreiche Zeitschriften-, Zeitungs- und Buchverlage, Universitäten, Forschungseinrichtungen u.v.m. nutzen diese Dienstleistung von tredition, um unter eigener Marke ohne Risiko Bücher zu verlegen.

Alle Informationen im Internet: **www.tredition.de/fuer-verlage**

tredition wurde mit mehreren Innovationspreisen ausgezeichnet, u. a. mit dem Webfuture Award und dem Innovationspreis der Buch Digitale.

tredition ist Mitglied im Börsenverein des Deutschen Buchhandels.

Dieses Werk elektronisch lesen

Dieses Werk ist Teil der Gutenberg-DE Edition DVD. Diese enthält das komplette Archiv des Projekt Gutenberg-DE. Die DVD ist im Internet erhältlich auf **http://gutenbergshop.abc.de**